解讀夢境的心理學

從做夢到懂夢，探索不可思議的夢境世界，
成為自己的最佳解夢人！

夢を読み解く心理学

臨床心理學教授
松田英子 著
伊之文 譯

晨星出版

序章

了解夢，就是了解生活方式

大學時期就認識的3人組，在重逢時突然聊起「夢」的話題。這時，C說自己做了惡夢，覺得困擾並提出來討論。接著，B也說他經常會做與工作有關的惡夢。A則是說自己會把夢境當作靈感，應用在工作上。「夢」究竟是什麼呢？它有什麼用處嗎？要如何才不會再做惡夢呢？做夢時我們能樂在其中嗎？

3人組對「夢」這個現象很感興趣並加以研究，但看了佛洛伊德和榮格對夢的解析及解夢網站，還是覺得不太能信服。此外，聽說在腦神經科學的研究中，學者似乎正在嘗試推測別人的夢境內容。

他們聽說母校有一位研究夢境的心理學教授，決定在校友返校日拜訪教授的研究室。

A：老師，能不能請您聽聽我的夢？

老師：喔！夢？……呃，是哪種夢啊？

A：咦？喔，我是指睡覺時做的夢。不過，關於往後人生的「夢」，我也有很多地方必須思考就是了……哈哈！

老師：好啦，總之，就是你們都對「夢」有疑問是吧？請進！

受邀進入研究室後，他們發現室內有著大量的小熊維尼娃娃，讓人不禁聯想到某位知名花式溜冰選手。但是，和「夢」有關的書籍與論文更是堆積如山。

C：哇，有好多和夢有關的書喔（還有小熊維尼）！

老師：那麼，你們是對睡眠中的「夢」有興趣，才來找我的是嗎？

B：啊，是這樣沒錯。不過，其實我也只是在就讀大學時，稍微接觸過解夢而已。

老師：了解，謝謝你們對夢有興趣！夢確實是很有趣的事物吧？我相信夢的風潮即將就要到來！雖然現在流行的是睡眠風潮，但我認為下一波肯定是「夢」！

聽完這番話，他們被老師的氣勢和獨特步調震懾到了，這時A戰戰兢兢地開口了。

A：我叫佑香，從事編輯工作。一直對創作很有興趣，想要從夢中得到靈感。正在找男朋友。

B：我叫奏介，職業是國家公務員，肩負著重責大任，工作很有意義，但仍然有很多關於職場、戀愛、家庭和人際關係的煩惱……。

C：我是芽衣！目前是個研究生，正在努力學習與從事研究，有點煩惱將來的出路。

老師：你們好，我是松田。我從臨床心理學的角度出發，正在研究如何用心理學協助人們解決失眠和做惡夢的問題，請多指教！

「夢」和「Dream」的語源都是「想要實現的目標」

A：老師，我們今天是想要和您討論睡覺時所做的夢，所以才會突然跑回母校來。仔細想想還真不可思議，日文的「夢」和英文的「Dream」都同樣有兩種意思，一是指睡眠中發生的現象，另外還具備了想要達成的目標之義。不知道在其他主流語言中，「夢」這個詞是不是也有兩種意思呢……？

老師：是的，「夢」這個字的語源確實是來自睡覺時所做的夢。在日文中，是用「寢目」來表示睡覺時看見的景象，至於拉丁文的「Somnium」除了「夢」之外，還有「幻想」的意思。無論是哪種語言，都從同一個詞衍生出「想要實現的目標」之意，實在很有趣！

C：老師，您的研究主要是專注在睡眠時的「夢」，對吧？

老師：沒錯。精神分析學家佛洛伊德認為，人會做夢是因為想要在睡覺時滿足現實生活中的願望（Wish fulfillment），但我的研究始終是以「睡覺時所做的夢」為主。不過，當我試圖去理解別人的夢境內容時，就會觸及他的生活方式，這也很有意思。

C：您為什麼會想要研究「睡覺時所做的夢」呢？

做夢的原理和意義

老師：在我大學三年級的時候，曾經有一段時期每天都做夢。確切來說，那是一段把許多夢都記住的時期。當做夢的頻率增加，不是會很在意「為什麼」嗎？

C：的確會很在意呢！我最近也每天都會做夢。

老師：對吧？所以我去書店買了好幾本解析夢境的書籍來看，但老實說，讀後總覺得有種無法信服感，也有些部分完全沒有合理的解釋。

C：我讀過分析夢境的書，或是查詢夢境占卜的網站之後，也經常覺得完全不準。比方說，有時候我會夢到放了很多草莓的蛋糕，夢的辭典寫著「蛋糕是戀愛的象徵」，但當時的我完全沒有戀愛對象……不過，如果有人說「這是你的潛意識如何如何」，或「你的深層心理是如何」，我就會覺得或許是那樣也說不定。

老師：因為無從確認，所以你才會覺得好像有點準吧？然後，大家會從很多不同的說法裡挑出在意的部分，聚焦在那些點上面，不是嗎？即使只討論「蛋糕」，它對每個人而言意義也不同。之所以夢到蛋糕，或許是因為當時剛好是聖誕季節，經常看到蛋糕的廣告；蛋糕也可能是代表一個人在發薪日買給自己的慰勞品，也或許是身邊有人很喜歡吃草莓。

A：假如是佛洛伊德，他大概會說尖尖的東西象徵著男性生殖器，是一種性慾的表現吧？沒得到滿足的願望反映在夢境裡之類的。

C：別這樣！我經常會夢到傘，但我才沒有那麼欲求不滿呢！（笑）

B：我幾乎不會做那種洋溢著幸福感的夢，所以不太了解，但我認為那不是代表願望。

老師：你們還年輕，卻都這麼無欲無求啊？（笑）開開玩笑啦！我也曾經對夢境的解讀結果感到無法釋懷，但過一段時間就突然不再做夢了。當我頻繁做夢的時候，就是我正在煩惱人生出路的時期，一旦方向確定後，就突然不再做夢了，因此我想這其中一定有什麼玄機。別人以夢裡出現的象徵來分析夢境，但我想要以不同形式來研究做夢的原理和意義，這就是一切的開端。雖然花了一段相當長的時間就是了。

B：夢要怎麼研究呢？因為，除了正在做夢的當事人之外，其他人都看不到夢裡的光景，而當事人也會很快就忘記夢的內容。

A：說到夢的研究，我只會聯想到精神分析之類的東西。

發現「快速動眼睡眠」，以及它和「非快速動眼睡眠」的不同

老師：要是做夢者以外的人也能即時看到夢境內容就好了，然而這很難辦到。但其實在這70年來，多虧腦生理學（Cerebrophysiology）和神經科學（Neuroscience）研究者的貢獻，夢境研究有了很大的進展。長久以來，夢與其說是科學的研究對象，不如說充滿了神祕，有時還會被當作宗教現象。舉例來說，基督教就把夢視為神和人之間的溝通方式，連日本也常有神佛在夢中顯靈或往生者托夢的說法。因此，要如何不仰賴個人的敘述，用科學方式來處理夢這種不可思議的現象，是相當棘手的。也就是說，夢和科學其實很不合拍。

不過，就在這種困境下，芝加哥大學（University of Chicago）的30多歲研究生阿瑟林斯基（Eugene Aserinsky）發現了「快速動眼睡眠」，讓夢境世界

圖表0-1　「快速動眼睡眠」的3種功能（假說）

① 整理並分類記憶

② 固定並消除記憶

③ 處理與記憶有關的情緒

變成科學的研究對象。阿瑟林斯基在大學研究生理學等的各種學問，在克萊特曼教授（Nathaniel Kleitman）命令下，他一整晚都在觀察受測者入睡時的眼球轉動，而且第一個受測者還是自己的兒子阿蒙德（Armond）。看不見未來的大學研究生在半夜做實驗，那種辛苦的程度令我深有同感。結果，在兒子進入夢鄉之後，阿瑟林斯基發現兒子的眼球就像痙攣似的，用很快的速度上下左右轉動！於是，他用「快速眼球運動」（Rapid Eye Movement）的英文縮寫「REM」為此現象命名，發表在科學雜誌，引發很大的話題。

A：啊，這個我聽過！就是「快速動眼睡眠」（REM Sleep）和「非快速動眼睡眠」（Non-REM Sleep），對吧？

老師：沒錯，睡眠大致可分為這兩種。分別偵測這兩種睡眠型態的腦波，發現當受測者進入會發生眼球運動的快速動眼睡眠時，其所發出的腦波和清醒時很相似——即使他的身體除了眼球以外都在休息。於是，研究人員在受測者進入快速動眼睡眠後叫醒他們，並詢問他們剛才情況如何。結果，在眾多的睡眠實驗中，於快速動眼睡眠期間被叫醒的人，幾乎都說自己剛才在做夢。當我還是研究生時，我做的睡眠實驗只有1名受測者沒有回報夢境，他說：「對不起，我忘記了。」這位受測者如今是個很了不起的心理學家，可活躍的呢！也就是說，有許多人都是在實驗室描述自己的夢境，而不是在自家。相反地，如果在非快速動眼睡眠期間把受測者叫醒，有很大比例的人會回答自己什麼都不記得。

B：換句話說，在快速動眼睡眠中，人會做比較鮮明的夢。

老師：雖然有受測者說他在非快速動眼睡眠期間也做了夢，但夢境內容大多是單調的一幕。具有豐富故事性的鮮明夢境，絕大多數都出現在快速動眼睡眠中。

C：原來是看著兒子的睡臉進行睡眠實驗的啊……，能夠發現快速動眼睡眠真是太好了呢！

老師：我之前讀了一本書（註1），書上說阿瑟林斯基在完成世界級的大發現之後離開了睡眠科學的領域，過著懷才不遇的人生，不知道發生了什麼事？至於他的兒子阿蒙德，後來成為了臨床心理學家。

有辦法將夢境影像化嗎？

C：經過說明，我就了解腦波在睡眠研究中的重要性了。那麼，根據最新研究，學者們藉由觀察大腦活動，目前已知理解至何種程度了呢？能做到把夢境內容視覺化（Visualization）嗎？

老師：京都大學的神谷之康教授正在進行這樣的研究呢！它叫做「大腦解碼」（Brain decoding）（註2），即是在受測者醒著看到某項事物時，偵測其大腦狀態，再觀察受測者在夢中看到事物時的大腦狀態，當兩者一致時，就能從大腦狀態的模式來解讀夢中的影像。

C：是想要透過同樣的原理將受測者的夢境內容影像化嗎？

老師：是這樣沒錯，不過這個實驗的方法非常辛苦。受測者在睡午覺時進入快速動眼睡眠，然後被叫醒並被詢問做了什麼夢。受測者在1小時內會被叫醒7次，如此反覆進行，直到每位受測者都進行了兩百回為止（笑）。

C：喔喔……那真的很累人呢！不過，這就意味著，若反覆進行這樣的研究，影像化的準確度會越高吧？有沒有更簡便的工具，能夠客觀地觀察自己做的夢呢？

老師：有用來檢驗快速動眼睡眠的泳鏡型儀器喔！它是透過眼球運動來感測，用紅光閃爍來代表當事人已經進入快速動眼睡眠狀態。

A：也就是說，有紅光照進夢中世界時，我就會發現自己已進入快速動眼睡眠，正在做夢，對吧？（笑）

老師：沒錯。這個儀器以前在日本有賣，現在再搜尋一下，會發現市面上仍有「可控制夢境的眼罩」正販售中喔！如果只是要偵測快速動眼睡眠，除了眼罩之外，還有可以鋪在床上的床墊。

B：也就是說，在製造和睡眠有關的產品時，必須要用某種方法來判斷快速動眼睡眠，對吧？

老師：對！所以，真的不太了解常見的 iPhone 睡眠應用程式是怎麼判定的……，是靠著偵測睡覺時的呼吸聲和翻身的聲音嗎？但是，若使用者睡覺時很安靜，肯定會遇到很難判斷的情況吧？

B：顯然光是靠收集聲音和身體動作的話，其結果必然會很不準確……。

老師：是啊！若用腦波來判斷的話，能夠一目了然地看出睡眠狀態時時刻刻都在改變，波形應該不會像手機應用程式顯示的那樣平緩。不過，這方面的技術將來應該會更進步吧！

解讀夢境的心理學　目錄

序章　了解夢，就是了解生活方式

第1章　睡眠與記憶

第2章　健康與睡眠障礙

第3章 預知夢與夢遊

第4章 視障者和聽障者的夢

第5章　夢與人格

第6章　可怕的夢和飛翔的夢

第7章　惡夢與病理

第8章 惡夢的治療與為現實做預演

第9章 清醒夢與創造力

終章　如何更好地與夢共處

第1章

睡眠與記憶

做夢這回事——夢的彼端是記憶宇宙

A：關於「做夢」在生物學上的職責和作用，目前已知的成果有哪些呢？

老師：明白地說，做夢是為了整頓並處理清醒時累積的記憶。假如沒有方才說明的快速動眼睡眠，動物就需要體積很大的腦部來處理龐大記憶。比方說，澳洲針鼴（Echidna）是一種原始的哺乳類，雖然無法確定牠會不會進行快速動眼睡眠，但牠擁有相對發達的大腦（註3）。

B：原來如此，就和電腦一樣，若要儲存大規模的資料，就必須要有大容量的硬碟，這是同樣的道理。

老師：對，只要不加大硬碟，資料就會多到滿出來，處理效率也很差，所以才要

圖表1-1　記憶的保存機制

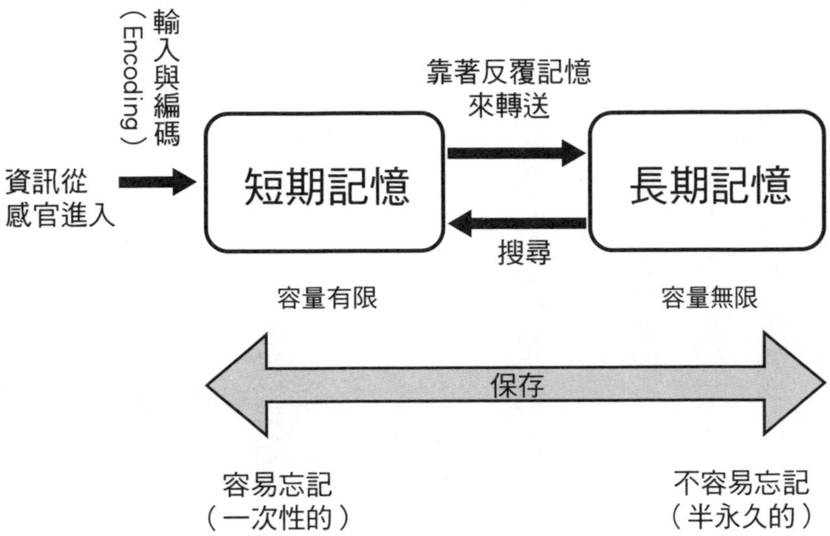

讓軟體（快速動眼睡眠）擁有應對的功能，並加以處理。

B： 記憶每一秒都在累積，在這種背景下發展出這樣的原理，對吧？這麼說來，前幾天我夢到國中時閱讀的小說主角，那是個我應該早就遺忘的久遠人物，在清醒時絕對想不起來。

老師： 突然出現嗎？

B：對，很突然。那種事應該已經被當作不需要的記憶處理掉了才對。

老師：與其說是不需要，感覺更像是「當下的重要性比較低」吧？不過，之所以會被現在的夢提取出來，應該是有什麼緣由吧！假如該角色或作者的名字和氛圍，與你最近在職場上遇到的人很相似，就有可能會抽提出當年閱讀那本小說時的記憶。

「總之先將記憶存檔」是進化上的策略

那些被認為本該遺忘的事物，大部分都不是完全徹底地從記憶裡消除，而是一直到死亡之前，都有可能基於某種緣由被提取出來。

基本上，記憶應該能夠無限儲存，但說到底，我們並不知道自己對資訊的認知到哪種程度，也不知道自己並未認知到什麼。

說得更簡單一點就是，當我們突然聽到一首老歌時，很意外地竟然連歌詞都記得，而且還會唱，這時候，就會覺得自己的腦袋比想像中還要靈光。這大概就和剛才提到的一樣，某些記憶只是清醒的時候不需要，所以暫時收起來，但其實大腦裡有一大片記憶宇宙。

畢竟，我們並不知道何種資訊對將來的生存有何用處，所以才會把記憶先存起來預備，這在進化策略上是一件好事。

大象睡很少，老鼠睡很多

經常有人問我：「人以外的動物會做夢嗎？」這一點是根據是否具備快速動

眼睡眠來判斷的。其實，一般認為，只要是哺乳類動物就都會做夢。那麼昆蟲呢？昆蟲會睡覺，但牠們的睡眠很原始，還沒有發展出快速動眼睡眠。也就是說，科學家「假設」昆蟲不會做夢。至於為什麼是「假設」，這當然是因為昆蟲沒有大腦，無法偵測到腦波。

這樣一來就有個最根本的疑問，也就是「動物為什麼要睡覺」，是為了恢復體力呢？還是為了整理記憶呢？

「為了讓身體休息」感覺很合理。以動物來說，這和生存的最佳化（Optimization）有關，要是一直都在睡覺，就會很容易遭到其他動物襲擊，對吧？

舉例來談，大象的睡眠時間非常短喔！這或許是因為牠體型龐大但動作遲鈍，所以不會消耗那麼多體力，而且牠們還要花費不少時間覓食。大象在非快速動眼睡眠期間是站著睡覺，進入快速動眼睡眠之後，肌肉才終於放鬆，躺下來睡覺。在中國有大批成群的野生象進行大遷徙，牠們集體躺下來休息的樣子很少見，引起媒體大幅報導，雖然屬於大型動物，但也正由於是草食性的，所以必須保護自己。

相較之下，老鼠則是保有一段較長的睡眠時間，因為牠們不僅活動量大，而且從某方面來說能夠像人類一樣躲進窩裡，可以安心入眠。

那麼，鳥類又如何呢？鳥類雖然有快速動眼睡眠，但原則上非常短。以哺乳類來說，1次的快速動眼睡眠至少會持續好幾分鐘，但鳥類只有10到15秒左右。此外，鳥類的睡眠時數還會根據物種大小和睡眠環境而有不同，1天從3小時到12小時都有。

儘管只有10幾秒，但鳥類好歹還是有快速動眼睡眠。如果棲息在很可能會遭到天敵襲擊的環境，睡眠時數肯定會變短，結果就是快速動眼睡眠也跟著縮短。體力的消耗程度以及環境的安全性等諸多因素，讓各個物種發展出現今的睡眠型態。

若能偵測到腦波，就能進行研究，但是在偵測不到腦波的情況下，則會根據呼吸量等資料來測定活動量的變化。

「長時間睡眠者」（Long sleeper）身上可見的創造力

A：我聽說藝人明石家秋刀魚先生是個一天只睡3小時的「短時間睡眠者」（Short sleeper），就和拿破崙一樣。睡眠時數長短和夢境有什麼關係嗎？

老師：假設睡眠時數只有3小時，快速動眼睡眠就會變得很短，說不定不太會做夢。一般來說，睡眠時數越長，快速動眼睡眠的次數也會變多，會做很多夢。

A：據說快速動眼睡眠期間的夢是片斷式的，意思是說會做很多淺夢嗎？

老師：經常有研究報告指出「非快速動眼睡眠」時會做片斷的夢，但在「快速動眼睡眠」期間則會做更多越發鮮明又有故事情節的夢。所以，那種像是2

小時長篇懸疑電視劇的夢，會在取得充分睡眠時的最後30～40分鐘出現。

A：我是個長時間睡眠者。經常想要從平時就培養提高自己的感性，應用在工作上，不知道「能做很多夢」會不會成為自己的強項？啊，可是，明石家秋刀魚先生雖然是短時間睡眠者，卻靠著獨一無二的趣味性，成為長年稱霸演藝圈的搞笑天王。嗯……。

老師：的確是這樣。他最有趣的地方就是能夠瞬間整合許多評論，並且反擊回去。啊，這是我個人的見解啦！哪一點有趣原本就因人而異。不過，我感覺光是用創造力好像無法解釋，反倒更該說，那些讓人締造大發明或大發現的創造力，多半都顯現在長時間睡眠者身上。

B：科學家愛因斯坦就是個很有名的長時間睡眠者，據說他一天要睡10小時以

圖表1-2　經濟合作暨發展組織（OECD）-18
各國人一天的平均睡眠時數(註4)

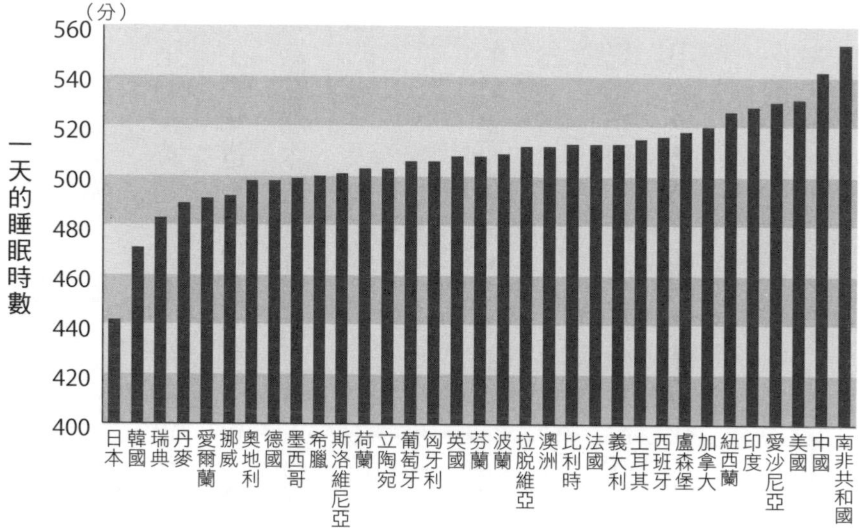

上，幾乎整天都在睡覺。

老師：聽說是這樣沒錯。儘管日本人的睡眠時數很短，但根據日本的某項調查，從事文藝或銷售工作的人睡眠時數較長，至於科技業、業務、企劃或專業人士則比較短。一般來說，40～50多歲的日本女性睡眠時數也比較短（註5），因為她們除了工作之外還要做家事、帶孩子或照護父母，被生活追著跑。

圖表1-3　日本人的睡眠時數(註5)

全員平均時數（小時：分鐘）		平日					週六					週日				
		'95	'00	'05	'10	**'15年**	'95	'00	'05	'10	**'15年**	'95	'00	'05	'10	**'15年**
國民整體		7:27	7:23	7:22	7:14	**7:15**	7:45	7:38	7:47	7:37	**7:42**	8:18	8:09	8:14	7:59	**8:03**
男	10～19歲	7:53	7:51	7:53	7:36	**7:47**	8:29	8:13	8:59	8:36	**8:28**	9:14	9:10	9:01	8:36	**8:46**
	20～29歲	7:21	7:20	7:17	7:18	**7:27**	7:52	8:02	*7:26*	*7:48*	***7:43***	8:27	8:14	8:36	*7:59*	***8:25***
	30～39歲	7:12	6:57	7:04	7:11	**6:59**	7:51	7:45	7:17	7:37	**7:46**	8:31	8:21	8:16	8:04	**8:21**
	40～49歲	7:19	7:11	7:06	6:43	**6:50**	7:40	7:25	7:28	7:21	**7:27**	8:12	8:07	8:13	7:56	**8:00**
	50～59歲	7:22	7:16	7:09	6:58	**6:51**	7:44	7:35	7:36	7:15	**7:25**	8:13	8:06	7:56	7:48	**8:00**
	60～69歲	7:54	7:48	7:41	7:26	**7:20**	8:03	7:37	7:59	7:32	**7:35**	8:21	8:02	8:06	7:57	**7:56**
	70歲以上	8:32	8:40	8:18	8:07	**8:11**	8:26	8:20	8:20	8:16	**8:12**	8:46	8:43	8:36	8:28	**8:07**
女	10～19歲	7:31	7:31	7:42	7:38	**7:33**	8:10	8:03	8:42	8:29	**8:41**	8:59	8:55	9:11	8:58	**9:02**
	20～29歲	7:20	7:14	7:23	7:24	**7:18**	7:54	8:00	7:59	7:56	***8:06***	8:11	8:29	8:28	8:21	***8:27***
	30～39歲	7:06	6:56	7:03	7:00	**7:05**	7:18	7:20	7:59	7:35	**7:46**	7:58	7:52	8:26	7:53	**7:55**
	40～49歲	6:53	6:47	6:43	6:28	**6:41**	7:07	7:00	7:22	7:06	**7:08**	7:50	7:39	7:46	7:25	**7:50**
	50～59歲	7:01	6:58	6:51	6:45	**6:31**	7:04	7:02	6:57	7:06	**6:57**	7:41	7:34	7:24	7:25	**7:22**
	60～69歲	7:33	7:17	7:16	7:09	**7:05**	7:41	7:08	7:18	7:05	**7:15**	7:48	7:27	7:41	7:26	**7:26**
	70歲以上	8:23	8:07	8:09	7:46	**7:50**	8:15	8:07	8:11	7:48	**8:04**	8:43	8:06	8:26	8:12	**7:58**

※斜體字代表樣本數不到100人，誤差較大，僅供參考。

A：那些長時間睡眠者，是不是把夢到的內容當作靈感，應用在作品或創新開發上呢？

C：我們平常在想的事情好像會出現在夢裡，對吧？我自己還是大學生時，因為在思考論文的架構，就夢到自己寫了一篇好論文而醒來，雖然這算不上是什麼大發現啦。除此之外，在針對報告查證考據的時候，醒著時總是想不到好點子，卻在夢中靈光乍現，睡醒之後馬上拼命記下夢境，才終於把報告寫完。看來，快速動眼睡眠和夢好像可以解決日常生活中的問題呢！

第2章

健康與睡眠障礙

「惡夢」比「失眠」更容易引發自殺

C：老師，您是臨床心理學的專家吧？我經常聽說失眠對精神健康不好，您為什麼會關注夢而不是失眠呢？

老師：即使是在睡眠中，夢這種現象仍然是發生在思考活動很活躍的時段，從心理學的角度來看也很有趣。如同你所說的，失眠有礙身心健康。那麼，我就先從日本的自殺問題開始說起吧！你猜猜看，日本每年約有多少人死於自殺？

B：這個嘛……好像是3萬人左右吧？以前我在大學的課堂上聽過，死於車禍的人數還多過自殺人數。

老師：哎呀，可惜沒答對。不過，你大學時期很認真聽課耶，好學生！的確如你所說，日本的自殺人數直到10年前為止都還是3萬人左右，但是到了二〇一〇年以後便連續9年遞減。至於減少了多少，二〇〇三年本來約有3萬4千人死於自殺，但到了二〇一九年則是減少到低於2萬人（註6）。不過，數字在這之後又逐漸增加，現在約為2萬1千人。

B：這樣嗎？那麼，這代表日本人的精神健康稍微變好了嗎？

老師：這毋庸置疑是一件值得開心的事，但真的變好了嗎？你覺得呢？政府的各種施政確實讓自殺人數減少了，但放眼世界，日本仍然是個自殺率很高的國家（自殺人數以貧困和紛爭地區較多，自殺率則是富裕國家較高）。在日本，年輕族群的自殺問題尤其嚴重，從10到39歲各年齡層的死因第1名就是自殺。雖然年輕族群的自殺人數的確正在減少，但和40多歲以上族群相較之下，減少的幅度還是不大。

圖表2-1　自殺人數的變化（註7）

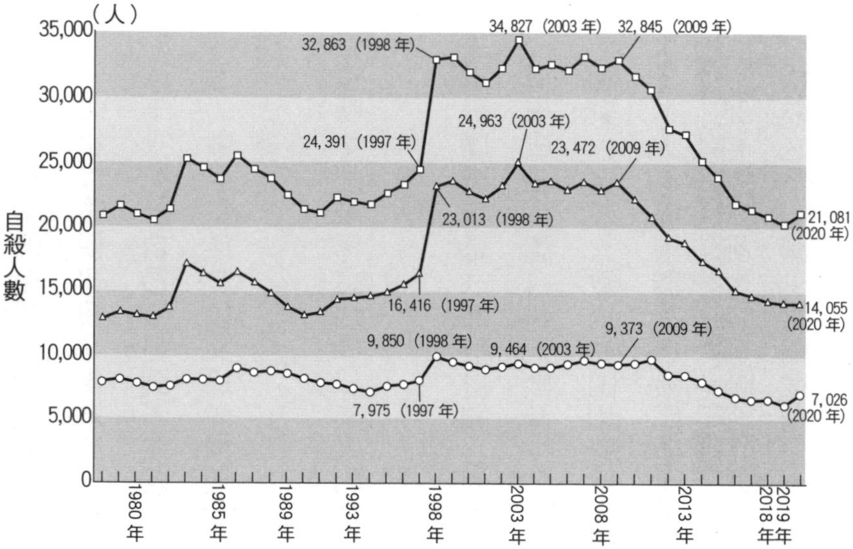

A：嗚嗚，好沉重啊！畢竟現在還有網路霸凌的問題。

睡眠是健康風險的守門人

順便一提，自殺原因的第1名是「健康問題」。失眠和憂鬱症與糖尿病、高血壓、高血脂等各種生活習慣病都互有關聯喔！據說，患有生活習慣病的人，其失眠尤其和熟眠障礙有關（註8），而失眠不但是高血壓及糖尿病的誘因與加重因子，亦是憂鬱症的前兆症狀（註9）。失眠、憂鬱和生活習慣病呈現三角關係。

日本的自殺對策主要是從憂鬱與失眠方面著手，由此可見「睡眠」對人的精神健康而言發揮了守門人的作用。無論日常生活多麼辛苦，只要能夠好好睡個覺，就勉強過得去。相反地，要是睡不好，精神上就會出問題。除了失眠以外，睡眠障礙（註10）還有很多種，次頁的表格為大家介紹幾種常見的類別。

如果將失眠放置不管，長期下來罹患憂鬱症的機率會越來越高（註11），並且若無法獲得理想的睡眠，做惡夢的機率也會提升。

所謂的做惡夢，也就是夢到自己遭受襲擊、或是在重要工作上失敗等等而做了餘味不佳的夢。最嚴重的，就是讓人睡到一半嚇得彈起來的惡夢。雖不會做（或說不會伴隨）惡夢的失眠也越來越常見，然而，根據研究，做惡夢會提高自殺的風險（註12），必須注意。

圖表2-2　睡眠障礙的種類
（摘錄自DSM-5的「睡醒障礙症」，Sleep-Wake Disorder）（註10）

<table>
<tr><td>失眠症
（Insomnia）</td><td colspan="2">睡得不理想、難以入睡、會中途提早醒來、白天想睡覺或提不起勁。</td></tr>
<tr><td>嗜睡症
（Hypersomnolence Disorder）</td><td colspan="2">即使晚上已經睡了9～10個小時，白天還是覺得很疲勞，需要睡午覺。</td></tr>
<tr><td>猝睡症
（Narcolepsy）</td><td colspan="2">白天會突然被強烈的睡意侵襲而睡著。</td></tr>
<tr><td>睡眠關連呼吸疾患
（Sleep-related breathing disorder）</td><td colspan="2">嚴重打呼、半夜好幾次醒來、睡得不沉、白天感到疲勞。</td></tr>
<tr><td>晝夜節律性睡眠疾患
（Circadian rhythm sleep disorder）</td><td colspan="2">睡眠型態非常不規律，很難和社會生活取得平衡。有「睡眠相位延遲」（Delayed sleep-phase syndrome，DSPS）、「睡眠相位前移」（Advanced sleep phase syndrome，ASPS）、「無規則型」（Free-running）、「非24小時睡眠覺醒障礙」（Non-24-hour sleep－wake disorder）與「輪班工作睡眠紊亂」（Shift work sleep disorder，SWSD）等等。</td></tr>
<tr><td rowspan="4">異睡症
（Parasomnias）</td><td>來自非快速動眼睡眠時的睡醒障礙症</td><td>兒童在非快速動眼睡眠①期間起來走動、說夢話或大叫，包括夢遊和夜驚（Night terror）等。</td></tr>
<tr><td>夢魘症
（Nightmare disorder）</td><td>做了惡夢而驚醒，造成困擾。</td></tr>
<tr><td>快速動眼睡眠行為障礙（REM sleep behavior disorder，RBD）</td><td>在快速動眼睡眠②時，隨著做夢內容而出現怪異的舉止。</td></tr>
<tr><td>不寧腿症候群
（Restless leg syndrome，RLS）</td><td>雙腳有搔癢感而無法入睡。</td></tr>
</table>

①：非快速動眼睡眠依照淺眠到熟睡的程度，分為4個階段。
②：快速動眼睡眠是指身體睡著了，全身只有眼球急速轉動的睡眠樣態，這時候經常在做夢。

圖表2-3　認知行為治療（Cognitive Behavioral Therapy，CBT）的基本概念

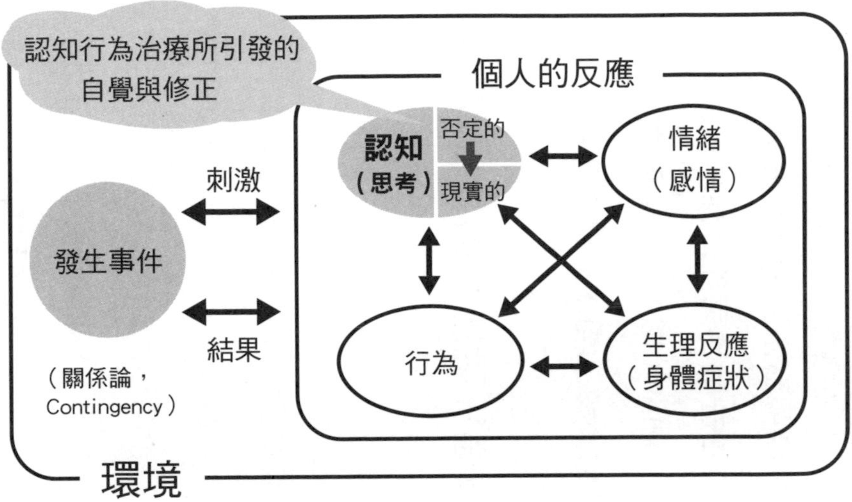

做惡夢會讓人不敢睡覺

可是，只不過是做惡夢，人們不太會這樣就去看醫生，會因為只是做夢就算了。即使做了惡夢，說不定也會心想「幸好是夢」。然而，人要是每天晚上都做惡夢就會不敢睡覺，這樣子不僅無法消除疲勞，還會一大早就心情鬱悶。

有人說做了惡夢之後最好換個姿勢入睡，言下之意是若往左側睡時做了惡夢，醒來後就不要再翻到

同一側睡，有些人可能覺得這種說法很有道理，但其實這並沒有科學根據。

上述的理論，大概是希望改變已經被惡夢制約的身體、行動和環境吧？認為要是身體一直處於做了惡夢時的狀態，在固著（Fixation）的情況下入睡，就會更容易按下做惡夢的按鈕。「改變僵化的姿勢並加以放鬆，就不容易啟動做惡夢的開關」，這很像是小孩才會有的單純想法。

夢的認知行為治療在國際上很普遍

目前，將認知行為治療運用於憂鬱症、恐慌症、創傷後壓力症候群（PTSD）、強迫症與社交焦慮症（Social anxiety disorder），健保是有給付的（註13）。認知行為治療主要是假設症狀的惡化和持續是與個人認知有關，試圖將個人認知修正為現實的、適應的，藉此來消除惡性循環。目前科學家正試圖證實失眠也能藉由認知行為治療來改善，所以有人期盼未來若困擾於常做惡夢或許也能適用健保，因為睡眠醫學研究者越來越關注惡夢治療了。

儘管如此，一說到夢，夢境占卜和榮格派夢境解析給人的印象依然根深柢固。因此，人們有時會避免將夢和現實的症狀連結在一起，但我現在說的是經過實證的研究方法，證明了夢和症狀有關。舉例來說，有研究顯示，在精神科急診室向自殺未遂的人詢問自殺前出現了什麼症狀，發現他們做惡夢的頻率和失眠一樣高，前面也提過，頻繁做惡夢的人自殺機率確實會比較高（註12）。

我在心理學的範疇內，從個性、身心發育和壓力的角度，為前來諮詢的人分析他們的夢境，試圖用認知行為治療來減少做惡夢的情況。這樣的做法在世界上很普遍，但在日本似乎沒沒無聞（註14、15、16）。

清楚認知到夢與現實的分界

人會依照自己的主觀來解釋現實中發生的事情，會有什麼情緒、行為或身體反應，都取決於個人如何看待現實。假如個人的認知在過程中有負面的扭曲之處，就以適當的形式加以修正，藉此減輕症狀，這便是認知行為治療。

我的研究內容主要是「如何透過認知行為治療，來改善失眠和做惡夢。」

在惡夢連連的人當中，有些案例同時有失眠症狀，也就是睡到一半做了惡夢而驚醒，因此出現中途醒來或早醒等主要的失眠症狀。其中，有些病人做的惡夢太鮮明，和現實生活的關聯太大，搞不清楚哪個才是現實。他們經常說：「無論醒著或是睡著都很痛苦。」

這很難受，會讓人絕望地認為是不是沒救了。創傷後壓力症候群的病人有著自殺率偏高的傾向，特別是患病症狀持續越久的人，他們在現實生活中的體驗會變成惡夢顯現出來，清醒和睡覺時都接連承受著負面刺激。因此，重點在於，即使夢和現實有關，還是要在某個時間點清楚意識到夢和現實的分界，接著再從夢境著手進行治療，如此，現實生活也會跟著好轉。

現實與夢的連續性假說

不過，實際上最困難的地方是「要如何區分夢和現實」。我剛才說過，認知行為治療認定「如何看待現實，將會影響實際上的症狀」。

精神分析理論原先認為，若不把怒氣表現出來，而是加以掩蓋的話，怒氣就會以憂鬱症的形式出現。然而，貝克（Aaron Temkin Beck）醫師開發出的憂鬱症認知治療則提出「病患如何看待現實世界，將會影響憂鬱症發作與否」（註17），他還認為，看待現實的方式將會直接顯現為憂鬱的症狀。

如果是這樣的話，若想解決惡夢的問題，就必須顧慮到當事人如何看待現實世界。關注現實及夢境的連續性，和區分現實與夢境一樣重要。倘若清醒時的思考和睡眠時的思考是連貫的，那麼就不是像佛洛伊德主張的「受到壓抑的性慾遭到加工，隱藏在夢中」了。順便一提，從認知科學的角度來說，很多人都支持清醒時與做夢時的思考連續性假說（Continuity hypothesis，註18、19），但在精神分析的領域，大概比較接近阿德勒的想法吧？

阿德勒因為《被討厭的勇氣》在日本變得很有名呢！

儘管如此，要完全捕捉睡眠時的思考仍然很困難，但就是這樣才有趣！雖然現實中發生的事會成為夢的題材，但夢卻是取決於自己如何看待此一題材，並且

圖表2-4　後設認知

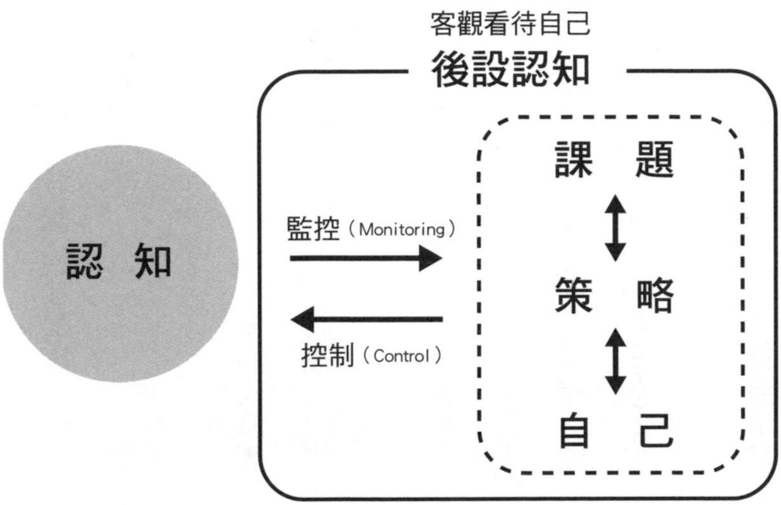

重新加以建構而成。夢的細節之所以不同並不是因為題材，而是因為個人看法不同，這一點同樣十分有趣！

讓人察覺自身想法與情感的後設認知

基本上，在日常生活中沒能善加處理的創傷和壓力，會在睡覺時重現並變成惡夢，所以要先在現實生活中幫病人解決造成創傷或壓力的元凶，這樣一來就不會再做惡夢，這是最簡單的方法。

可是，創傷並無法那麼快速地解決，要是兩三下就能迎刃而解的話，一開始就不會做惡夢了。

就是因為很難解決才會形成惡夢，所以原則上要一點一滴慢慢克服，然後在想像中練習解決。常有印象是夢境經常會比現實更快改善，這點讓我覺得很有趣。

這大概是因為，當事人根據記憶，事先在想像中做了模擬（Simulation），以便採取正面行動來應付即將到來的現實。說到底，認知行為治療中最重要的是，要先察覺自己的思考與情緒之間的關聯，亦即是否能夠客觀看待自己，這種能力稱為「後設認知」（Metacognition）。

若少了後設認知能力，就無法掌握並改善自己的處境，「不知道自己為什麼會煩惱這種問題」的狀態將會持續。當我們要在現實世界中修正自己的言行之前，應該會預先進行認知上的模擬。以前述的例子來說，就是會先在夢中進行模擬。

能不能做到後設認知，每個人的差異很大。以並不充分具備後設認知的人來說，要按照剛才說明的步驟去做，這件事本身就很困難，例如小朋友的言行就是很好的例子。

現實和夢境不連貫，能夠愉快地享受夢境

不過，實際上也有人的夢境和現實完全不同（註20）。

曾有位個案在現實世界中是個正在準備找工作的大學生，當事人本身很想就業，但占據他夢境大部分的內容，卻是他最喜歡的遊樂園、高鐵或飛機等交通工具。

一般來說，這樣的人可能會出於壓力，而做了延畢或求職面試時落選的夢，然而那名大學生儘管在實際考試和面試時都不盡如意，但他夢中始終都只會出現自己喜歡的夢幻事物。換句話說，他的現實生活和夢境並不相關，所以能夠非常愉快地享受夢中世界，而且他在夢中的知覺還遠比一般人敏銳。

舉例來說，他記得自己在夢中所搭乘飛機的機身上印著哪家航空公司的名字，甚至還記得空服員的長相，就連次要的嗅覺和味覺都很敏銳，甚至能夠描述在特快車上吃到的便當，例如「煎得滋滋作響的牛排淋上了什麼醬料，熱騰騰的蘋果派裡包的奶油很美味」等等。

B：好令人羨慕喔！我就算做了開心的夢，大部分也都會忘記。

老師：就是說啊！尤其是那種朦朦朧朧的幸福夢更是容易忘記，對吧？雖然我們其實很想記起來就是了。不必真的在現實世界中出門，只要墜入夢鄉就能充分享受夢境，所以他本人相當期待做夢。

C：也就是說，他的夢始終是以他自己的世界觀組成，不但很堅韌，而且不會去配合這個社會的價值觀嗎？所以，即使考試不及格或面試落選，但別人的看法本來就不會對他造成過大的壓力，是嗎？

老師：沒錯！就連那些世人可能覺得有問題的事情，在這名大學生心中也不是什麼大問題。此外，他還會受到夢的影響，在現實世界中執行夢境內容，能夠多次樂在其中。

B：就某種層面上來說，那是很幸福的事呢！比起在意別人眼光，做了充滿壓力的惡夢而受苦，他這樣子輕鬆多了！

老師：或許吧！不過，夢境始終是根據他對事物的評價標準，以及他如何在現實與夢境間取得平衡而改變，並不是可以自行操控的喔！但就以能夠享受鮮明夢境這一點而言，感覺和電競選手的夢很相似。

第3章

預知夢與夢遊

寫「夢日記」會讓內心變得不安穩？

A：老實說，我目前正在寫夢日記，但我和朋友聊起這件事時，他擔心我會無法分辨夢境和現實，會因此瘋掉……（笑）但真的會這樣嗎？

老師：不會的，我剛剛提到創傷後壓力症候群的惡夢時也說過，一般而言不會有這種狀況。反倒應該說，很多人都會因為寫夢日記而察覺自己的夢有某種規律。

A：對，就是這樣！當我實際開始寫夢日記之後，就會產生自覺，想要把夢境記在腦海裡，有意識地過著這樣的生活後就會發現夢有規則。

老師：自己當下在意的事情，以及清醒時沒能完全處理完畢的人事物會出現在夢中。

A：基本上，我夢到的人物和情景，大部分都是前陣子或不久之前看過的人事物。不過，我總覺得自己偶爾也會夢到在現實生活中沒見過的人，那會是在電視上瞄到或是擦肩而過的路人長相就這麼潛藏在我的潛意識中嗎？

老師：有可能，也就是人家說的「潛隱記憶」（Cryptomnesia）。

C：人類好厲害喔！

消防員做了發生火災的夢就會成真？

明明是第一次遇到，卻覺得從前有過相同的體驗，這稱為「既視感」（Déjà vu），大部分也都是出於相同的原理吧？儘管沒有實際的記憶，卻覺得最近才經歷過，經驗和知覺混淆了，形成既視感。還有學者認為，既視感是因為大腦判斷錯誤，誤以為想像中預期的知覺與實際的體驗一致（註21）。

既視感是無意識的閾下刺激（Subliminal stimulus）。那麼，若說到科學如何看待「預知夢」，從心理學的角度來說，那是一種「認知偏誤」（Cognitive bias）。自己很在意某些事物，而夢境有時符合、有時不符合，但人卻只會在夢境與現實符合時覺得自己做了預知夢。

典型的例子有，夢到祖父，而祖父就在幾天後過世，以及消防員經常在值班時夢到火災，結果就真的失火。消防員基於工作性質的關係，本來就比我們更常目擊到火災現場。他們在值班睡覺時，承受著不知道何時會出事的壓力，以及一收到呼叫就必須立刻趕往現場的緊繃感。結論是，無論當天是否為值班日，他們應該都經常做著有火災的夢。

然而，他們在有夢到但未發生火災時，就不會把這次算進去，而只在火災真的發生時，才意識到自己做了失火的夢。除了消防員之外，當一般人有了不好的預感，並且現實中也發生類似的事情時，其背後幾乎都是認知偏誤在運作。

相反地，有時候人忘了夢境內容，但會在事情實際發生時想起來（註22），這是因為人本來就很難毫無遺漏地記住所有的夢呀。

鬼壓床的原因是夢、還是鬼魂作祟？

即使有礙健康，但還是有人會在睡前喝酒，喝多了的時候，到了早上就會在意識模糊的狀態下醒來。這樣一來，與其說是輕微的鬼壓床，不如說是陷入酩酊

圖表3-1　「非快速動眼睡眠」與「快速動眼睡眠」的週期
（松田，2010年）（註23）

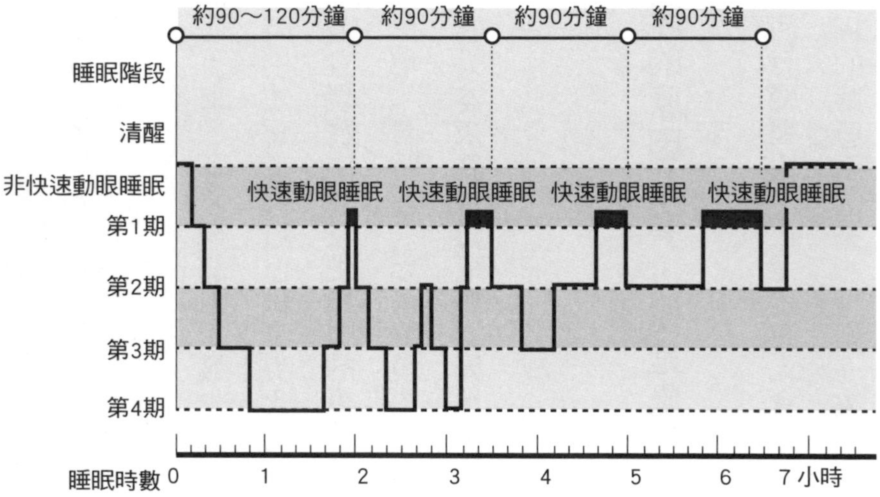

狀態，半睡半醒。特別是酒精濃度高的酒雖然能幫助入睡，卻會睡到一半醒來。

先不論有沒有喝酒，鬼壓床就是會發生在身體很疲憊，但頭腦卻很清醒的時候。人本來會在入睡後90分鐘左右進入第1次快速動眼睡眠，但鬼壓床則是入睡後立刻進入快速動眼睡眠。這是一種身體無法動作，但意識卻很清楚的生理現象，感覺彷彿有東西壓在自己身上。不可思議的是，鬼壓床多半會和可怕的惡夢同時發生。

遇到鬼壓床時，不僅發不出聲音，身體也動彈不得，某些人甚至會夢到有人拿著菜刀靠近自己。這種夢是和身體動彈不得的感覺連結在一起而做的，並隨著因身體無法動彈而產生了恐懼感。由於肌肉快速鬆弛，所以會覺得彷彿有東西從上方壓著自己，同時感到呼吸困難。除此之外，還會陷入感冒發燒時身體一邊旋轉、一邊下墜的感覺，這是鬼壓床常有的共通現象。

有人從小就經常做沿著螺旋樓梯邊繞圈、邊往下走的夢，還有年長者會夢到小時候居住的和室拉門上的紙破成碎片在空中飛舞。在身體狀態不同時做不同的夢，這一點也很有趣。

能讓別人得知夢境內容的快速眼動睡眠行為症

夢遊和夜驚是兒童特有的現象（註24），也就是身體在非快速動眼睡眠期間突然動起來，這絕大部分不會發生在成人身上，但有特殊的案例。

例如在睡眠中過度攝食的飲食障礙（Eating disorder），就是指在睡迷糊時起身，到冰箱找東西吃，早上醒來之後，才發現家裡有已經吃完的零食袋。除此之外，還有研究報告說有人曾在睡覺時犯下殺人案。

因此，雖然同樣都是「睡迷糊了」，但還是有很多謎團尚未解開。

儘管如此，原因主要是出在身體肌肉和快速動眼睡眠之間的關聯。此外，人活到某個歲數之後，有些人會罹患帕金森氏症或路易氏體失智症（Demantia with Lewy bodies，DLB），「快速眼動睡眠行為症」（REM behavior disorder，RBD）會在失智症發作之前出現，而學者們正在研究兩者之間的關聯。當大腦處於快速動眼睡眠狀態時，除了眼球以外的身體部位應該都不會動才對，但原本理應鬆弛的肌肉卻跟著夢境動了起來。因此，若要將夢當作研究對象，「快速眼動睡眠行為症」的患者行為就是很合適探究的方向。

因為行為顯露在外，所以會很容易觀察，更不須事後詢問當事人就能實際一探究竟。一般來說，在從事夢的研究時，我們無法將受測者的夢影像化以讓第三者也能客觀看到，所以往往很難確保科學根據，也有許多假說因此難以驗證。唯一能把睡眠時的行為直接當作調查對象的就是「快速眼動睡眠行為症」了。

出現此症狀的患者們所做的夢並不像你我這麼多采多姿，而是大多伴隨幻視或幻覺，例如遭到襲擊或在戰鬥。他們會隨著夢境亢奮起來，說起夢話或揮舞手腳，已有健康上的疑慮了。

當家人睡到一半突然大叫「混蛋」，我們會心想他是不是做了惡夢而在夢囈，但隔天早上起來，當事人根本不記得這件事，這或許不是快速眼動睡眠行為症，而是「夜驚」。無論是兒童的夜驚，或是年長者的快速眼動睡眠行為症，當事人通常都沒有自覺，所以家人要幫忙注意。

B：話說回來，我有一個疑問，夢有可能是遺傳的嗎？

老師：從「行為遺傳學」（Behavior genetics）的觀點來看，人類所有的行為特性，無一不和遺傳有關（註25）。

B：行為遺傳學是一門什麼樣的學問呢？

老師：簡單來說，這門學問是分別從遺傳和環境的影響來研究人的特質。再解釋得更詳細一點，行為遺傳學是一種統計學上的方法，在研究某個家庭成員的相似性（Similarity）時，會用下列三個指數，也就是「遺傳因素」（A：additive genetic factor）、「共享環境因素」（C：common environmental factor）與「非共享環境因素」（E：random environmental factor），透過將其相似性背後的遺傳與環境影響量化，再加以說明（註26）。不過，若說到夢，應該是環境因素的作用比較大，尤其會受到做夢者本人在家庭或學校的實際體驗，亦即主要是受到「非共享環境因素」影響，但也有研究者推估惡夢的「遺傳因素」占了30～50％。如果真的想要研究夢的遺傳因素，就必須要有足夠的雙胞胎作為研究樣本數。

A：可是，在這個少子化的時代，要找到那麼多對雙胞胎會很困難吧？

老師：那倒不會，據說由於人工受孕與生育技術的發展，多胞胎人數增加許多，似乎是因為誘發排卵的機制經常會讓人懷上多胞胎。因此，儘管新生兒的人數正在減少，但雙胞胎的研究似乎沒有那麼困難。

C：這樣的話，假如雙胞胎自從出生以來就分開，在不同的環境下長大，而且各自會做特別的夢，這樣還能說夢會遺傳嗎？

老師：說得也是。實際上，在出生後幾十年才重逢的雙胞胎例子中，兩個人從身體特徵到嗜好都很類似，而其中有一半是受到遺傳影響。出人意料的是，成長環境的影響很小。若從發展心理學（Developmental psychology）的角度來看，它多半會把焦點放在親子溝通的重要性上，但以行為遺傳學領域來說，目前還沒有發現兩者之間有那麼大的關聯，但也有研究人員認為這是因為行為遺傳學尚未掌握遺傳和環境之間複雜的交互作用。

C：以下的例子雖然很極端，但有沒有家庭是幾百年來全家人都會持續夢到自己變成鳥類的呢？

老師：嗯，這有可能是因為夢在家人之間口耳相傳，或是變成鳥的夢自古至今都頻繁出現。不過，這個話題比較接近榮格的「集體潛意識」理論（Collective unconscious）。心理學家對「遺傳記憶」（Genetic memory）的存在抱持懷疑的態度，但當代的行為遺傳學已經確知記憶會受到遺傳因素很大的影響，因此無法完全否定血緣的作用。

B：還有，若要把遺傳因素和後天的環境因素完全分開，好像也很困難。

老師：對呀！舉個好懂的例子，巴哈家出了許多優秀的音樂家，但這究竟是因為他們基因優秀呢？還是因為從小就在家庭內外接觸高品質的音樂，處於有人教學的環境呢？答案大概可說兩者皆是，很難把兩種因素完全分開。

B：在這方面若有條件符合的雙胞胎，感覺就能得到跨越這個障礙的研究成果呢！

老師：但是，要在日本進行雙胞胎的研究相當困難，因為日本國民沒有身分證字號，一旦搬家就再也追查不上了。假如追蹤國民的制度更加完善，而且能在政府的補助下持續研究幾十年的話，那又是另一回事了。對了對了，我剛才曾提到夢遊，但除此之外，兒童的其他睡眠問題，例如說夢話、夜驚、半睡半醒和尿床等等，某種程度上也會受到遺傳影響喔！不過，尿床另外也會受到環境影響，所以如果要解決這個問題，就需要從家庭環境來著手（註27）。

A：是這樣嗎？我現在才知道半睡半醒也和遺傳有關耶！

老師：失眠也是喔！睡眠障礙確實會受到基因的影響，但這有各式各樣的方法可以治療，例如藥物治療或認知行為治療（註28），所以，即使會受到遺傳影響，也別急著放棄，此外，調整環境也有助於改善失眠。反倒是，若能善用遺傳因素來更加深入了解每個人的睡眠差異，便能在治療失眠此一領域大大派上用場。近幾年，人們對「量身訂做」的醫學研究越來越感興趣，也期待最終能夠開發出連細節都適合個人的治療方法。

第4章

視障者和聽障者的夢

夢是有格式的

老師：夢是有「格式」的喔！

A：什麼樣的格式呢？

老師：例如夢中的感覺（註29）、情節、音量和解析度等等，這些有很大的個人差異。

B：這是為什麼呢？

老師：首先，認知能力的發達程度會造成個人差異。反過來說，當個人的認知能力成長到一定的水準，夢境的格式就會變得很相似。不過，除了認知能力之外，記住夢和用語言描述夢的能力也有影響，所以不只小朋友如此，就連大人的夢也會有差異。

A：夢的格式會因人而異，這就代表當生理上有所差異，例如眼睛看不見的時候，夢的格式也會不一樣嗎？

「請畫下你夢到的事物」

先天全盲的人，基本上視覺並不清晰，所以是靠聽覺等視覺以外的感官來做夢。也就是說，他們的夢並不是一片黑暗，就連天生的視障者，都能藉由結合觸覺和聽覺來產生視覺圖像。若是請他們畫下夢到的事物，他們其實能夠以自己的方式描繪出來（註30）。

圖表4-1　夢境中的感官種類
（根據岡田（2011年）的著作製表）（註29）

視覺（以影像的形式看見）
色覺（有顏色）
聽覺（有聲音）
味覺（嘗到味道）
嗅覺（聞到氣味）
皮膚感覺（痛、熱、冷）
運動感覺（Kinesthesia，走路、跑步或做事）
發言（開口說話）
內臟感覺（Visceral sensation，感到飢餓或飽足、口渴、尿意或疼痛）

儘管如此，以先天全盲的人來說，其視覺清晰度還是很低。相較之下，後天失明的人擁有視覺記憶，所以其夢境畫面比較接近一般人。而且，即使失明後經過一段很長的時間，其他感官組成夢的比例也不會增加。

若是全盲的視障者，原本就沒有見過別人的長相，所以是靠觸摸等方式來建立某種視覺圖像，但其圖像當然和完全沒有障礙的人不同。舉例來說，出現在全盲者夢中的人物，他的手可能

圖表4-2　全盲者的夢境圖畫(註30)

先天性失明受試者的夢境所見內容、繪圖表示和大腦alpha波活動。

會特別大，細節都各自以不同的形式呈現。雖然目前已知有這種現象，但還不知道何以如此。

還在媽媽肚子裡的胎兒，其整體睡眠中有50%是快速動眼睡眠。胎兒當然沒見過外面的世界，而且眼睛也還沒睜開，所以沒有視覺上的材料可以用來做夢。雖然這只是想像，不過胎兒做的夢或許有視覺以外的感覺，例如在媽媽肚子裡感受到的溫度、觸覺和聲音。這是因為人的聽覺和味覺比想像中更早形成，相較之下，視覺若要成長到能發揮功能，似乎需要一點時間。

聽障者的夢充滿感覺與情感

雖然聽障者夢境的相關研究比視障者少，但還是有一些成果，不過不同研究的結果並不一致。孟德森（Mendelson, J.）等人的研究報告指出，聽障者做夢的頻率較高，而且夢境中的色彩很豐富也很鮮明（註31）。然而，吉里蘭（Gililand, J.）和史東（Stone, M.）在研究並比較聽人與聽障者的夢之後，並沒有發現這樣的差異（註32）。

以日本為例，文教大學的岡田齊教授等人曾以高中生為對象進行研究，發現聽障者和聽人比起來當然會比較少在夢中聽到聲音，但聽障者會做很多惡夢和清醒夢，也會更加頻繁地做充滿感覺與情感的夢（註33）。

此外，據說聽障者並不會說夢話，而是會邊睡覺邊比手語，因為他們平時都用手語溝通嘛，所以，他們說夢話時並不是動嘴巴，而是擺動進入手語模式的雙手。說不定，聽障者就連在夢中也是靠讀唇語和觀察對方的手勢來對話。

不過，很多時候，人在說夢話時並不一定在做夢。因為人在進入快速動眼睡眠，也就是做夢的時候，原則上除了眼球之外，其他肌肉都不會動，但在非快速動眼睡眠時倒是有說夢話的可能。做夢做到一半醒來的時候，或是聽到自己的夢話聲而醒來時其實就已經是脫離睡眠狀態了。

黑白夢、彩色夢與社會文化的因素

若把視障的情況考慮在內，就知道夢並不是只能「用看的」，除了視覺以外，還有各式各樣的感覺。有人曾經做過研究，調查人們在夢中會體驗到的各式感覺所帶來的程度差異。

某項大規模問卷調查以日本的大學生為主要研究對象，其結果指出，參與實驗的大學生夢境雖然是以視覺體驗為主，但也聽得到聲音，感覺得到自己的身體動作和色彩，偶爾還有皮膚接收到的觸感，這些都是一般人做夢常見的特徵（註34）。

相較之下，味覺和嗅覺的夢似乎很少見。以第56頁提到的嘴饞青年來說，據說他曾在夢中體驗到食物的味道和氣味，還察覺電車外型與聲音的不同，他的五感真的很敏銳。

我想，大家做的夢應該都是彩色的吧？不過，有些人即使沒有色覺障礙，卻會做黑白的夢，你們猜是哪些人呢？答案是高齡的長輩。儘管如此，也不是所有年長者都會做黑白的夢喔！我現在所說的是，他們有著會做無色彩之夢的傾向，這和年紀大了所造成的視力衰退也有關係。

在一九六〇年代初期，有一項研究報告概觀了各種夢境中的色覺，得到的結果是彩色的夢不超過20％，也就是彩色的夢在當年很少見。

圖表4-3　各年齡層之彩色夢出現頻率變化（註30）

表1：彩色夢境頻率：年齡和調查年分別

		Survey								
		1993			2009			Total		
Age	Gender	Mean	*SD*	*n*	Mean	*SD*	*n*	Mean	*SD*	*n*
10s	Male	2.01	1.19	471	1.95	1.26	104	2.00	1.20	575
	Female	1.78	1.07	339	1.73	1.09	125	1.77	1.07	464
	Total	1.91	1.15	810	1.83	1.17	229	1.90	1.15	1,039
20s	Male	2.12	1.29	244	1.97	1.24	224	2.05	1.27	468
	Female	1.98	1.18	134	1.78	1.14	273	1.85	1.15	407
	Total	2.07	1.25	378	1.87	1.19	497	1.95	1.22	875
30s	Male	2.51	1.22	134	2.32	1.25	69	2.45	1.23	203
	Female	2.81	1.36	88	2.14	1.34	57	2.54	1.39	145
	Total	2.63	1.28	222	2.24	1.29	126	2.49	1.30	348
40s	Male	3.11	1.37	193	2.89	1.68	54	3.06	1.44	247
	Female	3.04	1.38	188	2.72	1.40	134	2.90	1.39	322
	Total	3.07	1.37	381	2.77	1.48	188	2.97	1.42	569
50s	Male	3.10	1.42	48	3.13	1.34	100	3.12	1.36	148
	Female	3.60	1.29	53	3.09	1.28	82	3.29	1.30	135
	Total	3.37	1.37	101	3.11	1.31	182	3.20	1.33	283
60s	Male	3.86	1.29	104	3.80	1.44	45	3.84	1.33	149
	Female	3.77	1.31	81	3.77	1.28	61	3.77	1.29	142
	Total	3.82	1.29	185	3.78	1.35	106	3.80	1.31	291
Total	Male	2.47	1.40	1,194	2.42	1.45	596	2.45	1.41	1,790
	Female	2.47	1.42	883	2.28	1.39	732	2.39	1.41	1,615
	Total	2.47	1.41	2,077	2.35	1.42	1,328	2.42	1.41	3,405

※數字越小，表示做夢頻率越高。

日本在一九七〇年代左右，也有一項研究報告得到了相似的結果。此外，在一九九三年前後，曾有一項研究以11歲的年輕人到80歲的年長者共兩千名日本人為對象，調查他們在夢中體驗色覺的頻率，得到的結果是20～29歲以下族群的彩色夢占了80％，60歲以上則是20％（註35）。

這樣的差異是從何而來的呢？是因為老化所導致的發育程度變化嗎？還是黑白電視世代與彩色電視世代這種社會文化因素所造成的呢？為了解開此一疑問，同一個研究團隊在經過15年後，再次進行了大規模的問卷調查。

C：什麼？竟然花了15年研究，好強的毅力，規模也好大！

老師：岡田教授、松岡教授和畠山教授十分努力呢！跨越15年，做了兩次調查的結果是，在第二次調查中，20～49歲族群做彩色夢的頻率和第一次比起來變高了。然而，儘管經過了15年，10～19歲族群和50歲以上族群做彩色夢的頻率卻沒有差異。因此，學者認為20～49歲的夢境應該是受到社會文化的影響，至於10～19歲和50歲以上族群則是受到發育程度所影響（註36）。

B：我們平常不太會意識到的日常生活都會對夢境造成影響呢！不過，黑白的夢做起來不知道有不有趣？

A：如果夢突然變成彩色的，搞不好會嚇一跳喔（笑）！

第5章

夢與人格

無論活到幾歲，人到死都會做夢

B：偶爾有人會說他們完全不做夢，我的同事就是這樣，這是真的嗎？

老師：不，我認為幾乎每個人都會做夢，但也有人是真的記不得自己有無做夢。在實驗室裡，若把進入快速動眼睡眠的人叫醒，他們大多都記得夢境，能夠加以描述。也有些人只要提醒自己明天絕對要記住夢境，就真的能記住。

B：那為什麼平時記不住夢呢？這和睡眠品質有關嗎？

老師：我認為原因有很多，其中之一或許是因為夢中的情緒並沒有強烈到能留下記憶。中規中矩的夢和不那麼開心的夢，通常很難被清晰地記得。

B：的確，如果是情緒淡薄的夢，我也只會記住情緒的種類，但完全不記得最主要的內容。

老師：對。也就是說，那種夢就算想不起來也罷。

B：內容沒有重要到必須想起來嗎？

老師：嗯，記憶和情緒已經處理完畢，回憶不起來也無所謂。

A：順便一問，人不管到了90歲還是百歲，直到死之前都會做夢，對吧？

老師：這是當然。不過，到了80歲以後，做夢的頻率會稍微下降，尤其失智症患者做夢的頻率下降得更快。

A：這是因為他們的睡眠時數縮短了嗎？

無論幾歲，語言能力都會持續進步

老師：這雖然也是一個原因，但說不定他們的睡眠時數並沒有想像中短。

年長者只是變得很早起床，睡眠節律改變而已，但睡眠時數和中年時並沒有太大的不同，畢竟他們就寢的時間提早，而且午覺還會睡很飽。

但是，到了80歲以後，快速動眼睡眠的比例就會變小，要處理的刺激說不定也會變少。若要說他們見多識廣，正要進入人生的總結算期，記憶在某種程度上已經整理完畢，所以變得不會做夢的話，這一點目前還不確定。不過，回顧人生的夢倒是不少。

圖表5-1　老年期的「回顧人生」夢境

已經長大成人的子女變回幼兒，出現在夢裡的各種場景（76歲，女性）。
大學考試的時間就快到了，但我卻去不了考場（73歲，男性）。
我正和求學時期的朋友聊天，但那群人中竟然有我丈夫（75歲，女性）。
我正和國小同學在班上交談（75歲，男性）。

數理能力和作業智商（Performance IQ，PIQ）確實是在25歲前後達到巔峰，但包括詞彙和整理概念在內的語言能力則是會不斷進步。或許是因為如此，所以會做懷舊的夢，例如夢到相當久遠前的記憶，或是中流砥柱時期的功績。

儘管如此，若說到年長者的夢不僅是黑白的，還會基於豐富的人生經驗而很充實的話，倒也沒有這麼單純。再說，現代銀髮族的夢中甚至會出現智慧型手機。比方說，有高齡女士夢到自己回到高中時期，加入橄欖球社的男朋友已經找到工作，還 LINE 男友說：「你工作加油喔！我希望自己未來能成為心理師！（笑）」這位女士實際上是心理師沒錯，但她並不記得自己曾有過橄欖球社的男朋友。此外，據說夢到「電話打不通」的人，其夢中的電話形式也會隨著時代改變，例如從轉盤式電話、按鍵式電話到智慧型手機等等（註37）。

擅長用語言描述夢境的人格特質與想像力

當職業類型不同，睡眠和做夢的模式傾向也會不同。若將職業大致分為自然科學類與人文科學類，後者對夢的記憶力超群地好（註22）。

他們能夠說明夢的細節，也能把整體的故事描述得很有趣。換句話說，若要「回想起夢境」，就必須仰賴語言能力。如同前述所言，從事人文科學類職業的人，之所以有很大比例能記住夢境，可能是因為他們很習慣使用語言來描述，然而雖然有個人差異，但除了理工類之外，律師也被分類在記不住夢境的職業，整體歸納起來，這些都屬於講求邏輯的職業。換句話說，左腦發達的人可能比較記不住夢境。

相較之下，藝術相關行業的人則是經常做夢，說不定，即使是對大部分人而言不值一提的小事，夢的形象還是會留存在藝術人內在的基模（Schema）中，所以記得住。

反過來說，原本不太記得夢境的人，是不是刻意鍛鍊右腦就能夠做夢，並且把夢記住呢？這一點雖然還不太明瞭，但我們可以有意識地用語言去描述畫面，藉此活化此一能力。發揮描述能力，就能夠做由豐富資訊量構成的夢，也能加以詳述。

圖表5-2　各發育階段的夢境主題
（根據鑪的著作製表，1990年）（註41）

幼兒期	可怕的夢（鬼怪） 日常生活（幼兒園） 電視節目主角
兒童期	學校 怪人或怪物（鬼魂） 好玩的夢（魔法或奇幻的夢） 家人（父母或兄弟姊妹）
青春期	廁所 裸體 接吻
青年期	愛慕對象 考試 競爭（例如在體育方面）
成人期	家人 近親過世 自己面臨危險 金錢
老年期	夢到死去的家人 夢到與宗教有關的主題 夢到小時候的自己

容易／不容易記住夢境的性格

既然從事不同職業的人會有不同模式的夢境傾向，同樣地，根據人的個性存在著差異，對於記憶夢境方面也會產生不同助益。個人特質和壓力會影響做夢的頻率和夢境內容、情感（註38）。有些人不容易記住夢，血型A型的人就是最具代表性的例子（註39），A型人的個性就是「急性子」，認為自己能夠火力全開地連續工作24小時，是競爭意識強烈的工作狂，具有容易罹患心臟病的行為特徵。他們睡眠時數很短，也很少想起夢境，但偶爾記住的夢多半是惡夢，這類人的睡眠品質實在不太健康呢！

A型個性的人比較外向，比起觀照內心世界，他們對社會生活與競爭更感興趣，倘若他們屬於不太能記住夢境的類型，那能更完整地保有夢境記憶的人性格便正好與之相反，亦即對自身內心狀態與動向很敏感的「慢郎中」。

除此之外，①經常不安，容易負面看待身邊日常生活瑣事的人，以及②很關注夢境的人，此兩種性格也很容易記住夢。而所謂藝術家類型的人，經常會想要從夢境中捕捉靈感，他們也能夠具體地記下所做的夢。

不過，儘管都說是夢，但夢的種類不也形形色色嗎？有開心的夢、也會有悲傷的夢。我曾試著研究不同種類的夢與個性和壓力的關係，得到的結論是，容易感到不安、協調性較低或內向的人，屢屢會做伴隨著負面情緒的夢；外向和溝通能力好的人，則是常做樂觀的夢（註40）。不僅個性，壓力因素也很重要。原則上，日常生活中的體驗會出現在夢中，因此，在不同發育階段所做的夢，其內容都有各自的特徵（註41）。

「抱著太陽與月亮的夢」讓人難以忘懷

你們問我自己是怎麼看待夢的？我並沒有寫夢日記。以我自己來說，在醒來的那一瞬間，我就會開始分析：「這個夢是現實中這件事和那件事組合而成的！」雖然這可能也和認知偏誤有關就是了。不過，我也做過自己解不開的夢，每過幾十年，就會做一次這種光靠正統知識仍難以理解的夢，後來才察覺到原來是那時候自己的人生即將迎來轉機。這或許表示我的夢很容易留下記憶吧……。

不過，前述提及的那些夢的主題往往都和宇宙有關。最初的夢是我把太陽和月亮抱在懷裡，還露出微笑。當時我正在做睡眠實驗，一邊寫學位論文，一邊以成為臨床心理師為目標，同時也在第一線活動。由於那個夢太令人印象深刻，藝術系的朋友就畫成一幅畫送給我。當時，我剛好正在煩惱如何兼顧研究與實踐，夢到這樣的景象之後，我就決定要兩者並行。

圖表5-3　自己抱著太陽與月亮的夢

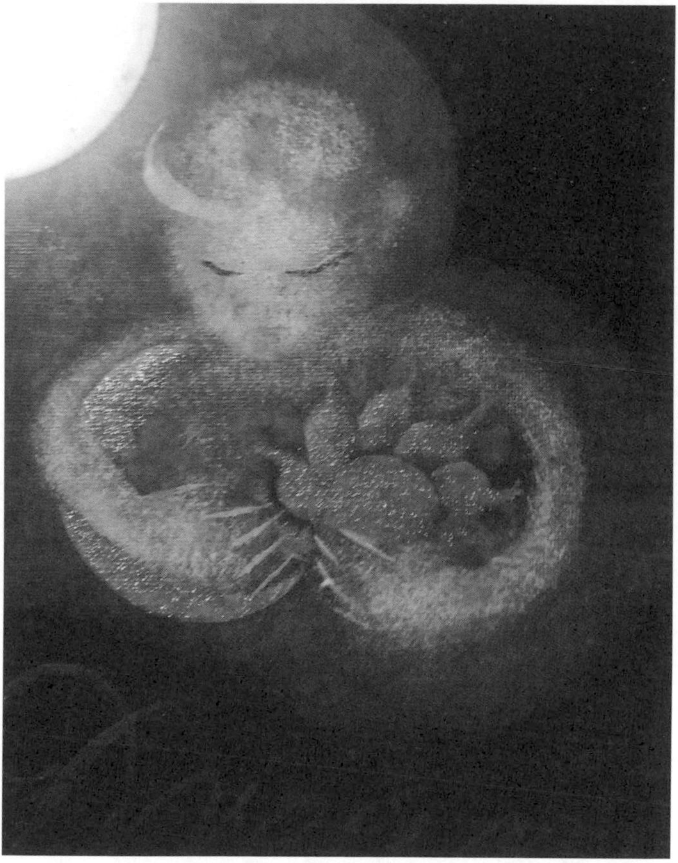

我不覺得自己做了那個夢之後有得到什麼啟發，只是後來回顧發現可以這麼解釋，現在回想起來，就明白當時煩惱的事情反映在夢裡了，而自己如何看待也很重要。

那時候，有一位診所的院長很照顧我，他是一位對夢很有興趣的醫師，喜歡從精神分析的觀點來看待夢。在我把這個夢告訴他之後，他便這麼鼓勵我：「松田小姐，你要好好重視這個夢喔！」這已經是20幾年前的事了。

這個夢只出現一次。在那之後並截至目前為止，我做了兩次銀河閃閃發光的夢，難以忘懷，鮮明的夢就是容易留下記憶呢！

C：我很了解這種煩惱出路的心情！現在大學生明明很好找工作，但我卻選擇當看不到未來的研究者，相當迷惘。

老師：你當初立志當研究者時，有沒有做什麼印象深刻的夢呢？

C：我夢到自己不斷盯著太陽，眼睛不停地流血。雖然是在夢裡，陽光還是刺眼得讓眼睛好痛，但我仍然想要一直睜大眼睛凝視太陽，也真的這麼做了。當時的我情緒極度不安定，彷彿即使害怕得雙腳發抖，也要凶狠地跑去挑釁人家似的……（笑）。

B：我也不是想當國家公務員才選擇了這條路。與其說喜歡這份工作，不如說我有一股強烈的義務感。我的故鄉是地震災區，我認為，在震災剛發生的時候，整體社會十分需要即使發生災害也絕對不會崩潰的安定性，以及馬上就能派上用場並做出貢獻的即戰力。所以，在那樣的氛圍下，我抱著必須盡快貢獻社會、幫助人民的想法而選擇了這條路。

C：原來如此！你頭腦很好、很博學，又能從多視角看待事物，所以我一直覺得應該是你來當研究者才對。

B：快別這麼說呀，但總之，說到我選擇當公務員時所做的夢，夢到的是自己搭上一座四面都沒有牆壁、只有白色地板的電梯，我明明不想上樓，但電梯卻不停地向上，讓我害怕到了極點。因為電梯沒有牆壁，四周沒有地方可以抓，所以我只能死命地匍匐在地板上，帶著恐懼忍受電梯直往上衝。我經常做這樣的夢，這是因為我的情緒也同樣不安到快要破表了吧（笑）。

A：我也是。我喜歡從事繪畫和故事撰寫這類的創作活動，雖然說出來很難為情，但我想要當個能將無形之物傳達給別人的表現者。遺憾的是，我並沒有這種超群的才華，當然也沒有勇氣從事接案工作。不過，至少當個媒介也好，我想把無形但確實存在的事物以眼睛看得到的形式傳達給社會，所以就到出版社上班了。

可是，老實說，我並不記得自己有做像B或C那種和未來出路有關的夢，不，與其說不記得，更應該說我做的每一個夢都太有特色，沒辦法選出印象最深刻的一個。從事編輯工作的好處和壞處，就是會大大受到作家的想法和世界觀影響，或許是這個原因，在我開始從事這一行之後，就經常做像歌舞片一樣的夢，不僅色彩豐富，還有各種音樂流瀉，身邊的人都在跳舞。嗚，總覺得很抱歉，我們三個人都這麼負面……。

B：不，你的夢並不負面啊？反而很正面呢！

夢一定有緣由

老師：好了好了，你們幾個。之前，文案大師糸井重里曾說過不安可是青春的前提呢！C在夢中被陽光刺到眼睛好痛的感覺，以及B抵抗電梯重力的心情，都是青春的表現。而我除了夢到銀河之外，當然也經常做像A那樣一點都不壯大的夢。比方說，前陣子我就做了去超市買東西的夢，在購物途中發現自己忘了帶錢包，只好把原本想買的東西放回貨架上並走出店外，結果我的包包竟然從天而降。打開一看，發現錢包不在裡面，但卻有大、中、小共三個鑽戒。

A；咦？鑽戒？

老師：對，就像名媛黛薇夫人戴的那種，而且還是蒂芙尼（Tiffany）的戒指喔！我心想：「不對，等一下！鑽戒明明就沒有失竊，但錢包卻不見了，這不是很奇怪嗎？」然後我就醒了（笑）。

C：這乍看之下是個很普通的夢，但它果然還是反映出了現實世界的某個狀態嗎？

老師：對，會做夢絕對有什麼緣由。以剛才那個鑽戒的夢為例，夢裡的三個鑽石全都比我結婚時收到的蒂芙尼鑽石還要大很多（笑）。然後，我最近看到有離婚經歷的朋友左手無名指上戴著戒指，就心想他是不是有了新伴侶。

B：原來如此。自己的記憶和經歷的事會複合形成做夢的緣由。

老師：所以，如果你們做了印象深刻的夢，最好記錄下來。人類本來就是會想要自我解讀的生物，特別是會想要替自己身上發生的心理或生理現象找意義。

A：我也好想要像老師夢到銀河一樣，做壯麗的夢。

C：我希望自己的夢裡能出現鑽石或蒂芙尼的戒指，然後把它賣掉換錢，去遍國外的學會！

老師：那是「願望」，你把它和夢混在一起了，而且完全不壓抑（笑）！那麼，大家有過什麼難忘的夢嗎？

B：我的是個惡夢，自己被迫躺在手術台上，差點就要進行詭異的手術，我打著赤腳慌忙逃走，結果在醫院的樓梯上踩空，一直不停地墜落，驚醒時滿身大汗。

C：我的是在地球四周自由自在飛翔的夢，地球湛藍得很美，可以任意飛到想去的地方，很開心。我沒有上過太空，也不曾登陸月球，但這個夢讓我覺得很滿足，好像賺到了（笑）。

A：我曾經在做夢時腦中浮現旋律，連歌詞都自動填好了，醒來之後馬上用錄音軟體錄下來，但最後終究沒有機會發表，至今仍然在冷凍中（笑）。

老師：簡直就像音樂家塔悌尼（Giuseppe Tartini）的曲子《魔鬼的顫音》（Devil's Trill Sonata）！太妙了！

第6章

可怕的夢和飛翔的夢

各國人的夢都有典型的模式

老師：剛才我請你們三位聊了難以忘懷的夢，國外有個網站叫做「夢庫」（Dream Bank），它是由施耐德（Adam Schneider）和多姆霍夫（G. William Domhoff）建立的網站（註42、43），收集了世界各國形形色色的群體與個人的夢境資料，並以統計學加以分析。

A：好厲害喔！竟然能夠收集各種夢境的資料！這麼說來，夢的典型模式會因為國家或文化差異而有不同嗎？

老師：說得簡單點，亞洲人的夢中經常出現蛇，而歐美人則是給人較常夢到蜘蛛的印象。不管在哪個國家，「夢到已經過世的人」都名列前茅，但在德國人的夢中卻只排行第7名左右。（註44）

C：人們恐懼的對象會根據地區而有不同，對吧？可是，假如是一名從小就在歐美地區長大的亞洲人，他會對蜘蛛感到恐懼嗎？

老師：不太清楚，但不知為何，日本人就沒那麼害怕蜘蛛，反倒比較怕蛇和狗。在剛才提到的德國研究中，蜘蛛排行第25名，蛇排行第43名。儘管如此，在不同國家與文化之間，夢的特色並沒有那麼顯著的差異。

C：反過來說，人類的夢本身就有一個普遍的模式，此模式是和國籍無關的嗎？

圖表6-1　翻譯自馬提斯（Mathes）、施雷德（Schredl）與哥利茲（Göritz）（2014年）所製作之「頻繁出現的夢境內容」網路問卷調查（註44）

1名	飛翔	28名	考試落榜
2名	多次反覆嘗試	30名	變成小孩
3名	被追趕或追趕他人	31名	找到新房子
4名	性體驗	32名	精神百倍
5名	學校、老師、讀書	32名	牙齒掉落
6名	時間來不及	32名	龍捲風與強風
7名	死者在夢中是活著的	35名	嚇到僵住
8名	還活著的人在夢裡死亡	36名	照鏡子
9名	遭到攻擊	36名	看到飛行物體故障
10名	游泳	38名	精神病患者
11名	墜落	39名	裸體
11名	凶猛的野獸	40名	想像中的動物或人
13名	洪水或海嘯	41名	鬼壓床
14名	品嚐美食	41名	有一張臉逼近自己
15名	被關起來	43名	蛇
16名	遭到束縛而難以呼吸	44名	魔法（除了飛翔以外）
17名	遭到殺害	44名	到其他星球旅行
18名	可以看得很遠、很清楚	46名	看到自己死亡
18名	和壞人或惡魔戰鬥	46名	遇見神明
20名	發現錢財	48名	地震
21名	交通工具失控	49名	看到飛碟
22名	火災	49名	遇見外星球的生命體
22名	腳邊崩塌而墜落	51名	變成其他性別
24名	衣服不合身	51名	自己出現在電影中
25名	昆蟲、蜘蛛	51名	變成動物
26名	窒息	51名	有人墮胎
27名	殺人	55名	看見天使
28名	找不到廁所	56名	變成物體

圖表6-2　大學生常做的惡夢
根據岡田與松田（2018年）的研究製表（註45）

1 被追趕
2 墜落
3 遲到
4 遭受攻擊或暴力
5 很重視的人過世
6 目擊別人遭受攻擊或暴力
7 可怕的動物或想像中的生物出現
8 和家人、男女朋友離別或斷絕關係
9 遇到災害
10 自己加害別人

在相異的國家與文化中，惡夢的模式並無不同

一般而言，各國人的典型夢境大多共通一致。其中，負面的夢比較容易留下記憶，舉例來說，在日本大學生的惡夢中，最常出現的前10名情節一定有「墜落」、「被追趕」和「遲到」，此外則是和家人、男女朋友分離或斷絕關係（註45）。

此外，地震、洪水和火災等災害也進榜了。

蛇或蜘蛛等可怕動物出現的夢很直接也很容易懂，至於牽扯到人際關係的夢，假設其背後隱藏著「想要和其他人成為共同體，保持友好關係」的願望，那

麼其根幹果然還是「生存欲望」吧！你們覺得呢？若夢的情節不會隨著時代變遷而改變，感覺很有進化上的價值。雖然不太確定，但聽說人們在擁有新房子之後會做發生火災的夢。

「遲到」是常見的惡夢典型，若深入追究，做這種夢或許是現代社會中有著必須求生存，並和他人保持良好人際關係的背景因素。就連在史前時代，若在要去狩獵（工作）的時候遲到，大概也會被同伴排擠吧？（笑），例如要集結眾人之力才終於能打倒的長毛象，光靠一個人是無法戰勝的呀。

惡夢的情節在不同國家和文化中之所以差異不大，原因果然還是在於此吧？「任何人都無法只靠自己活下去」是唯一一項跨越時空的共通點，而這應該就是形成夢境的出發點。

人類是集體生活的動物，雖然程度上有些差異，但生存這回事成為做惡夢的肇因也不奇怪了。

小寶寶天生就會怕蜘蛛和蛇嗎？

讓我們再從「遺傳」這方面來想想看吧！舉個例子，假設有人從來沒見過、也沒聽過蛇，對蛇沒有「可怕」的印象，當他夢到蛇時，有可能因為遺傳的關係而對蛇感到恐懼嗎？雖然我認為應該沒有這種可能性，但有一項以小嬰兒為實驗對象的研究結果（註46）揭曉了「人類天生就對蜘蛛和蛇抱有恐懼感」。

進行這項研究的霍爾教授（Stefanie Hoehl）以還不知道蜘蛛和蛇是危險生物的六個月大嬰兒為對象，觀察他們看到這些動物的反應。具體來說，除了蜘蛛和蛇以外，教授還讓小嬰兒看了花和魚等沒有危險性的生物來做比較，研究嬰兒初次看到牠們時，瞳孔放大的程度以及注視的時間長短。

霍爾教授得到的實驗結果是，比起花和魚，嬰兒看到蛇和蜘蛛時顯然承受了比較大的壓力。針對這項實驗結果，她表示：

「我們可以這樣下定論：『對蛇和蜘蛛的恐懼感，是人類在進化過程中習得的防禦反應。』在幾百萬年前的時代，靈長類還生活在樹上時，蛇和毒蜘蛛一定是種威脅，必須儘快發現、迅捷逃走。在其他研究中，即使讓小嬰兒觀看其他更危險的動物圖片，例如熊或獅子，他們的恐懼反應也不如看到蛇或蜘蛛時那麼大。我認為，這是因為蛇和蜘蛛與靈長類共存並造成威脅的期間，比起熊或獅子來得長很多。」

我個人對「我們可以這樣下定論」的地方有點介意就是了……即使那些嬰兒是真的第一次看到蛇和蜘蛛，但他們應該看過花和魚，所以要斷定那到底是不是遺傳應該相當困難。

不過，其他還有一些類似的研究唷，在日本學者的論文中，也指出猴子或三歲小孩有可能天生就會怕蛇（註47）。

「在空中飛翔的夢」有什麼隱喻？

基本上，夢境的題材是來自我們看到、聽到的事物，但媒體環境會隨著時代改變，和人手一支智慧型手機的現代比起來，沒有科技的史前時代人類，他們做的夢也會不一樣嗎？雖然不知道史前時代人類所做的夢是否有留下紀錄就是了。

夢基本上是由生活環境中的所見所聞所組成，比方說，哥吉拉是日本創造的怪獸，但全世界的人都會做被牠追趕的夢，這大概是電影所帶來的效應吧！此外，只要我們活在群體裡，就會受到傳說故事很大的影響，例如神話和童話等等，或是間接體驗到往昔流傳下來的風俗習慣並承襲沿用。再說，鳥類是從以前就有的動物，所以人們說不定「會去想像飛翔是什麼感覺」，或許因而導致夢見在空中飛翔。

在前面提到的德國大規模網路問卷調查中，空中飛翔的夢是夢境排行最常出現的第1名（註44），但不知為何，飛翔在夢日記中只排名第16，第1名則是「學校、老師和讀書」。我認為飛翔的夢本就容易留下印象，且其隱喻大多是代表自己的生活過得好不好。萬事順利的人會夢到自己能夠稀鬆平常地飛得很高，俯瞰著世界，但在現實世界中處於逆境的人，則是會夢到自己一邊擦撞到地面、一邊很受限地飛行著。即使都是飛翔的夢，內容卻有正面和負面之分。

除此之外，縱然都是飛翔的夢，但每個人飛翔的方式都大相逕庭喔！有人會像小鳥振翅一樣上下揮舞雙手，但也有人用蛙式的姿勢擺動手腳來飛翔。我小時候會做的典型飛翔夢境則是像藤子・F・不二雄的動畫《小超人帕門》那樣飛行，所以說大眾媒體的影響真的很大呢！能用蛙式飛翔的夢似乎也很愜意呢！

說到飛翔夢境的負面例子，有位從前非常受歡迎，但現在很少出現在螢光幕前的搞笑藝人曾在電視上提起他的夢，他夢到自己拼命踩著腳踏車，身體就會稍微從地面上浮起，但只要雙腳略微停下來，整個人就會猛地墜落，於是一定得在快要擦撞到地面時死命地猛踩踏板。這個夢彷彿在告訴我們演藝圈這一行的競爭是多麼激烈。

因此，飛翔的夢無論是正面還是負面，都會顯示出做夢者的隱喻（Metaphor），如果是這樣的話，夢就不能只用「大腦正在整理記憶」一句話來帶過了。

「牙齒掉落」之夢的真面目

我經常聽說有人會做掉牙齒的夢，而且不只一位，有好幾個人都說他們做了完全相同的夢。這聽起來真的很不可思議，一般來說很難想像會發生這樣的情況，所以在歷史上一直被人解釋為一種象徵。但我認為，人們之所以會做這樣的夢，其背景因素是來自於對工作和健康等周遭事物缺乏自信。

為什麼是牙齒呢？這一點還不甚清楚，而大家為什麼會夢到一樣的事，也實在很難解釋。不過，我以前曾經聽過一位主播的故事，他同樣經常做掉牙齒的夢，但不是牙齒一顆一顆掉落，而是掉下來的牙齒在嘴裡滾動，就像咬到砂石似的（註48）。

雖然我是那位主播的大粉絲，但聽了他的夢，我忍不住想像他是不是很怕在說話時吃螺絲，或是在唸稿時卡住。即使是資深主播，平時是不是也會進行模擬，以免吃螺絲呢？那些必須在公眾場合說話的從業人員，他們特有的不安或許是透過夢境表現了出來，雖然這一點並未經過確認就是了。

而除了日本以外，其他國家的人也會做牙齒掉落的惡夢嗎？在前面提到的德國網路問卷調查中，掉牙齒的夢排名第32名。有個假說是，從史前時代就很普遍的寶貴事物，到了現代應該會變成重要的主題顯現出來。但是，若要證明這一點，研究人員就必須跨越好幾個世代接力研究，因為追溯到越久以前的時代，留下來的文件紀錄就越少。

不僅掉牙齒，還會有掉頭髮的夢，雖然不像掉牙齒那麼頻繁就是了，而且，就連頭髮濃密的年輕人也都經常做這種夢喔！

其他還有許多經典的惡夢類型，例如個性審慎的人就經常做遲到的夢。雖然這份並非正規研究資料，但有個排行榜統計了《通販生活》雜誌讀者群反覆會做的夢（註37），第1名就是遲到的夢。相較之下，在德國的網路問卷調查中，時間趕不及的夢是第6名，在夢日記中則是第3名。我覺得這反映出日本人嚴謹的民族性。

B：我做過一個有史以來最可怕的夢。後輩在辦公室的窗邊大叫著，要我趕快過去，所以我就用上全力衝了過去，結果就順勢被推落到高樓大廈的窗戶外面了……（笑）。

A：咦？又是墜落的夢！形式未免太多樣，太容易做這種夢了吧？

老師：墜落的夢在《通販生活》的排行榜上占了第9名，在德國的網路問卷調查中排第11名，在夢日記中排第25名。我想，你心裡大概是很怕惹後輩討厭，同時又想要回應他吧？

B：我在深層心理中或許是那樣想的，但那個沉默寡言的後輩平常不太會跟我說話，我都不知道他在想什麼。自從進入公家機關以來，好不容易終於有了後輩，但我還是不太明白該怎麼做才好，總是懷疑自己沒有把他帶好。

老師：你真是個好前輩，而且責任感很強，在工作上或許有點太拼了呀！

C：我的也是差點墜落的夢。不，該說是夢嗎？那其實是我的親身經歷。

老師：怎麼說呢？

C：我小時候曾經和爸媽出國旅遊一次，當時我們搭的飛機輪子功能出了問題，整架飛機直接著地……機身大力傾斜的重力感、女人的尖叫聲，以及從餐桌上滾落下來的堅果……總之，當時的景象幾乎原原本本地在我的夢中重現。

老師：原來發生過這種事啊……。

C：我直到現在都還會反覆夢到這個景象，但夢中的自己永遠都是小孩，無計可施，只能一味害怕。剛才我不是發下豪語，說想要在夢中賣掉鑽戒換錢，去遍國外的學會嗎？但其實並非如此。實話是，我想要克服不敢搭飛機的恐懼，親眼去見證國外的學會，以及大海另一頭各式各樣的遼闊世界。

老師：這樣啊！也就是說，你想在現實中克服兒時的經歷對吧？但是，在那之前，在想像中克服也是個好方法喔！

A：嗯……，而我做過的惡夢，和其他兩位比起來簡直就只是鼻屎大而已（笑）。我夢到前男友，他會抱我、對我撒嬌，但卻瞧不起我的家人。而且，除了我之外，他其實有太太，外面甚至還有同性伴侶。我被迫面對「他根本不愛我」以及「無法和他共度未來」的事實，然後就醒了……就是這麼可怕又悲傷的夢……（望向遠方）

其他人：（一陣沉默）

老師：不過，妳內心深處是不是想要針對這段戀情做個了斷？有沒有這個可能呢？這一點不問清楚就不知道，真是血淋淋的現實呢！

B：我在想，人們能夠透過網路和電視得知世界各地發生的事，如此一來，全世界人的間接經驗（Mediate experience）豈不是會變得缺乏太多差異嗎？

老師：怎麼說呢？這個觀點很有趣呢！

B：我有時會到國外出差，總覺得世界各國的街景都很一致。再加上，現在大家也都用網飛等影音平台觀看同樣的內容嘛，所以，人們夢到的主題在經過幾百年之後，應該會逐漸統一吧？

C：夢的均一化，以及全人類的標準化嗎……？

老師：真是壯大的主題呢！我好想知道啊（笑）！

第7章

惡夢與病理

妄想和不安惡化時要就醫

C：截至目前為止，我們聊了全盲者和發燒時會做的夢，可以請老師舉一些精神病患的夢境實例嗎？

老師：我來聊聊某位20多歲的躁鬱症個案吧！（註49）他大學畢業後進入媒體業界任職，是個非常有能力的菁英，但他的主治醫師診斷他是第二型躁鬱症。一般來說，躁症會讓一個商業人變得更有自信、更愛現，所以容易做出成果，例如簽訂大型合約。

B：啊，我的職場上也有這樣的人。但是，他無法一直都維持在躁期吧？應該會有情緒上的波動吧？

老師：對。雖然他很有能力，但躁期會週期性地變成鬱期，所以無法一直保持高戰力狀態。他本人也因此把煩躁的情緒發洩在公司同事身上，最後搞到留職停薪。

A：他就是這樣才去找您的吧？

老師：沒錯。他做了一個惡夢，內容是自己留職停薪時，有新人進了公司並奪走他的工作和地位。

A：這個惡夢，是他過於胡思亂想才做的吧？

夢背後隱藏著現實中的情感，要加以摸索

除此之外，他還做了自己在揮舞菜刀的夢。在治療上必須使用藥物療法來掌控躁期和鬱期的變化，在躁期不要太過勉強自己，藉此緩和鬱期的低落。如此讓他的躁期和鬱期變化穩定下來並加以改善，他就順利回到職場上了。

說得具體點，當我深入追問揮舞菜刀的夢境細節之後，得知他的年輕後輩也出現在夢裡。因此，我和他進行對話，誘導他本人察覺：「你希望別人了解的是，你很害怕後輩會趁你休養時搶走你的工作和職位。」也就是和他一起摸索夢境背後隱藏著什麼現實中的因素和情感。

實際上，他在職場上頗受好評，大家都很期待他早點回歸，也沒有人圖謀他的工作，這終究只是他本人的小劇場。因此，我建議他：「你先把自己的狀態穩定下來，再視情況來發揮自己的能力。」但控制自己實際的行為也很重要，所以

我同時請他的家人幫忙，盡量不要讓他在交際應酬上浪費太多錢。

這與其說是請家人監視他的行為舉止，不如說是予以支持。儘管如此，躁鬱症並不是心理疾病，而是生物學上的疾病，必須長期吃藥治療才行。

所謂生物學上的疾病，總歸來說就是遺傳占了很大的因素，是基於生理學上的機制而發生，所以用藥物治療是最基本的。不過，以此一個案而言，他很介意長期服用情緒穩定劑（Mood Stabilizer），但不吃藥的話會再度復發，所以很為難。這方面必須和主治醫師討論，用長遠的治療計畫來進行個別的應對。

個性認真和完美主義的人會做的惡夢

剛才談論有人做了揮舞菜刀的夢，但其實真正會砍人的大概不會做這種夢，通常是因為害怕自己加害於人，所以才會做傷人的夢。舉個更容易懂但極端的例子，有人夢到自己在書店摸過的書於不知不覺中進了其他客人的包包，擔心萬一那位客人被懷疑偷書該怎麼辦……越害怕自己會害到別人，或是給別人添麻煩的人，反而更會預防性地做這種夢。

一般人通常只會心想「原來是夢啊」，然後就算了，但有生病傾向的人會把事情看得更加嚴重，恐懼到只好前來找我諮詢。某一天，一位很有正義感的學校老師前來諮詢，他對於防範校園安全非常熱心，全心全意地預防陌生人加害學生，想要保護學生的念頭太強烈，久而久之便開始擔心自己在路上走著走著會突然就想毆打路人的臉。

無論是哪個案例，有這些煩惱的人，其共通點是「強迫性」。若一個人太較真或抱持完美主義，想要徹底做好自己的職責，就容易出現這種症狀。

強迫症同樣是遺傳因素居多，而且，強迫症和進食障礙的關聯其實不小，後者好發於女性身上，兩者的根本病因很相似，差別在於它是表現在飲食上，抑或是表現在反覆確認或清洗的行為上。除了患者本人之外，其家人多半也都很嚴謹。

不過，強迫症在現實社會上也有好的一面，因為患者會確實顧好工作和學業，但若是太過頭，就會演變成特定行為和恐懼。有潔癖的人也劃分在類似的範疇，實際上，在我認識的人當中，就有人早上會花20分鐘把頭髮分在正中央，因為他無法忍受不完美和不精準的事物，但他是個很誠實、優秀又值得信賴的人喔！

強迫性有著被現代社會需要的一面

話說回來，強迫症的人有沒有意識到自己的強迫性呢？如果「後設認知」的功能沒有問題的話，大部分的強迫症病患應該都會意識到才是，但就是明知自己做的事情不合理卻還是停不下來才難過。舉例來說，有些人心中有著頑強的迷信，例如「死都不坐教室前面數來第4排」、「走路時每一步都要跨過7塊磁磚」等等，要是這種守則亂了套，就覺得會有壞事發生。他們抱著這樣的強迫觀念，為了消除它而持續進行強迫行為（Obsessive behavior）。

強迫症要按照什麼步驟來改善呢？原則上，是用名叫「暴露療法」（Exposure therapy）的行為治療來加以改善。以有潔癖的人為例，他們會動不動就跑去洗澡或洗手，而我們則是實施「暴露與反應抑制法」（Exposure and response prevention，ERP），刻意不讓患者執行這些清潔行為並習慣它。

通常患者不那樣做就會全身不對勁，卻刻意不准他們做，這是為了讓他們明白，即使不執行那些強迫行為，他們害怕的壞事也不會發生。

蓄意讓患者去摸他平常不想觸摸的地方，也不讓他洗手，這相當需要勇氣，

圖表7-1　強迫傾向的特徵與夢境內容的關聯
（根據松田的研究製表，2020年）（註50）

「懷疑自己無法掌控」而產生強迫觀念的夢
夢到自己已經有女朋友了，卻還和其他女生交往，東窗事發後被劈腿對象怒罵。
現實中當然沒有犯罪，卻夢到自己的罪行曝光，不僅遭到眾人大力譴責、怒罵，還讓父母難過不已。
陌生男子持刀從窗戶入侵自家，並永遠在自家附近逃竄。
和反覆確認型強迫症有關的夢
研討會隔天輪到自己上台報告，為此非常緊張，因而夢到研討會的老師，以及反覆練習上台報告的自己。
我不敢坐刺激的遊樂設施，夢到安全裝置在自己搭乘時鬆脫，整個人從空中墜落。
夢到自己忘東忘西、做了壞事，或是遇到不好的事。
和反覆清洗型強迫症有關的夢
夢到廁所和水邊。
夢到可疑人士吐出粉紅色果凍。
夢到自己在擦杜拜塔的窗戶。

若能順利奏效是很好，但其實是很可怕的，對吧？因此，必須先讓個案鼓起勇氣，同時以藥物治療，並且要很有耐性地慢慢引導。

說到底，強迫性的根源究竟是什麼？這多少是因為現代社會如此要求，所以人們才會認真地遵守社會的規範做事，程度適中倒是還好，但若超過一定的界線就會很痛苦。高強迫性的人，其夢境會出現「東窗事發」、「反覆練習」、「發生壞事」和「打掃」等特徵。

可是，若完全不具強迫性，反而會欠缺社會化而感到困擾。強迫性雖然是社會化功能的一部分，但要是太過缺乏就無法適應社會，所以必須要有彈性才行。

這樣一想，強迫症也有好的一面，例如在學業或體育上。懂得擔心並經常向老師發問的學生多半都很優秀，會仔細確認「這樣對嗎？」或「最晚幾月幾日截止對吧？」很認真也很慎重。有些強迫症患者似乎連做夢時都在模擬呢，雖然是程度上的問題，但若能了解強迫症也有優點，光是這樣或許就能讓人輕鬆一些。

會懷疑「是不是壞兆頭？」

目前已知，雖然強迫症的病情有輕重之分，治療期長，但還是能夠醫治的。甚至於會產生妄想或幻覺的精神疾病，也都要好好安定地治療，因為現在是個只要定時服藥就能控制症狀的時代。對了，我來聊聊某個有戀愛和結婚煩惱的個案好了。

當時的他正值適婚年齡，懊惱於戀愛問題。我原本以為，無論他有沒有疾病，他的煩惱以一個年輕人來說都很合理，但是，這名個案屬於打從交往初期就會感到極度不安的類型。

曾經在他與某位對象交往期間，一直深信對方劈腿，也開口質問對方。可是，實際上對方並未出軌，但因為一直遭到懷疑而心生厭倦，最後就分手了。這樣的情況反覆發生，而這位諮商者也有意識到這一點。

他並非針對特定之人，而是對每一任交往對象都無法放心。由於長期處於疑神疑鬼的不安狀態，他的交往對象就勸他最好盡早去求診或諮商，但個案卻無法理解對方為何這麼說。即使我說「這是因為對方擔心你，很重視你」，他還是無法意識到何謂備受重視的對待。這樣一來，諮商也就變得很難進行。

即使我試圖根據現實中的證據來重建個案的認知，幫助他掌握狀況，仍然因為他的妄想太強烈而無法辦到。若說到個案本人是否能理解「自己究竟為何卡關」，有時候他看起來似乎瞬間明白了，但終究還是不太懂。

這是症狀所導致的，所以無論我如何仔細地詢問「為什麼那些舉止足以證明對方劈腿」，個案也說不出能令人信服的明確回答。要放下自己深信不疑的事物，轉而接受自己不相信的事，大概會令他陷入混亂、感到恐懼吧？

這名個案的交往對象也不知道該怎麼面對他才好。比方說，當對方 LINE 他「現在電視上在播的某某節目很好看喔」，個案竟然將此曲解成：「意思是要取消今天晚上和我的約會嗎？所以是要和我分手嗎？」除此之外，當個案在工作上出了錯，這種和戀愛完全無關的事情也會令他感到不安，心想：「啊啊，人家說禍不單行，下次約會時我就會被甩了吧！」就連現實中並未發生的事也會導致個案緊張猜疑，並且悲觀地加以解讀。

其實，這名個案的母親也曾罹患精神疾病而長期進出醫院，同樣出於不安而懷疑丈夫出軌，雖然事實不明，但據個案所說，他父親因為受不了遭到逼問而提議離婚。

個案在提到這件事情時，曾一度察覺自己或許正在做和母親一樣的事，透過別人的案例，讓他得以回顧自己。他好歹有在工作，也相對保有認知機能，所以曾短暫察覺這一點。但是，一旦發生什麼不如意的事情，他還是會將其視為壞預兆，使得情況又繼續惡化。

這麼一來，就連夢也變成讓這名個案不安的因素。當我詢問：「你昨天晚上做了什麼夢」他回答：「我發現交往對象瞞著我劈腿，並破口大罵。」但他並非會對人破口大罵的性格。

實際上，這名個案目前交往中的對象並沒有劈腿，雙方也還在交往，然而，他還是每天都做惡夢，擔心會被甩，所以對方就像前面所說的建議他來諮商，而我則是建議他去精神科看診。他精神性不安的病理太嚴重，屬於光靠諮商支援也有限度的案例。

圖表7-2　確診思覺失調症青年的夢境變化
（引用松田、川瀨的研究製表，2018年）（註51）

考大學之前

做了在學習的夢。
我向一位陌生人提問，對方是知名的國文老師。我問了2個問題，一個是國字A的讀音，另一個是B和C（同音異義字）的意思有什麼不同。
那位老師是女性，她似乎覺得要回答我的問題很麻煩。
最後，那位老師說不出答案，我就醒了。
在現實生活中，我的記事本上寫著「A」、「B和C」。

通過大學考試之後

我和一位像是柔道教練的人聊著畢業的話題。
我們在像是學校的地方散步，使用暖爐引發了火災。
柔道教練馬上丟下我逃走。火勢延燒到其他房間，燒到了理科教室，教室裡也有一位穿著白袍的老師，他或許是沒有察覺火災發生，一直面帶笑容。
當火勢變大，讓人覺得必死無疑時，假面騎士來營救了，並且同時來了很多人幫忙，拿著裝了水的水桶，我們因此獲救。

高中剛畢業後

重辦畢業後的慶功宴。
自己所屬的棒球隊成員在贊助商開的餐廳裡排成一排。
不是真實存在的球隊，而是虛構球隊中的一支，包括我在內共4個人。
氣氛熱烈不起來，安靜得很無趣，大家早早走出店外並散會。

包括老師在內，共5個人在吃老師親手製作的法式火上鍋（Pot-au-feu）。
很好吃，每個人都笑嘻嘻的。雖然談話並不讓我覺得愉快，但我和其中一人稍微打了招呼並小聊了一下。

記得夢境，卻想不起日常生活的二三事

精神疾病有各種類型，實際診斷起來很複雜，也很困難。我接下來要談的一名高中生個案，最後是在醫療院所確診思覺失調症，並因罹患此病而出現記憶障礙（註51）。這名個案容易忘記各種事情，還會遺失物品。若試圖回想什麼就會頭痛，但對夢的記性卻好得驚人。他來到我的諮商室，說自己做了太多夢而睡不好，會忘記的事情包括家人任職的公司、同學的長相和名字、以前住的地方和今天的早餐等等，記憶障礙的範圍很廣，很令人頭痛。

他連最近的記憶以及和家人有關的基本資訊都會忘記。不，與其說忘記，應該說想不起來。他清醒時會有自覺地在腦海中搜尋，也就是自主性回憶，這對他來說非常困難，但對於夢的記憶卻能毫無負擔地自動回想起來，亦即「非自主性回憶」（Involuntary memory）。記憶這東西說起來還真是很不可思議呢！

這位高中生即使火力全開努力，考試成績還是因為記憶障礙而不理想。為了予以協助，我便有機會和他交談，結果得知學校將這名學生成績沒有起色歸咎於他沒有學習意願，而家人則是歸咎於他的個性和老師指導能力不足。

A：哇，那還真嚴苛。被人歸咎為沒有幹勁或個性不好，這也太難受了。而且，從第三者的角度來看，很明顯不是那個問題啊！

老師：是啊！這名高中生以前曾經到精神科以外的科別就醫，但都沒有發現什麼異常，由於學生本人表示自己很痛苦，最後才前往專科醫療院所就醫。思覺失調症必須早期發現、早期治療，據說若能縮短未接受治療的期間，預後也會比較好（註52）。

B：後來，那個高中生怎麼了？

老師：他原本是基於頭痛和記憶障礙等不適病徵而到腦神經外科求診，但後來轉介到精神科，在那裡確診思覺失調症並且接受藥物治療。經過診療，他頭痛的症狀消失了，想起夢境的頻率降低，心理上的苦惱也緩和了。但是，當時的他還是很難回想起日常生活中的記憶，並未戲劇性地康復。

C：即使接受治療，也不一定在各方面都能有好結局呢……。

老師：我想，他上了大學之後應該也會很辛苦，但他還很年輕，未來可期，希望他能慢慢康復，順利度過人生。

第8章

惡夢的治療與為現實做預演

把惡夢的情節改寫成正面的

老師：那麼在這裡，我就來聊些積極正向的話題，也就是治療惡夢的方法！

A、B、C：好喔！

老師：惡夢的治療方法主要分為醫學和心理學上的方法，前者是藥物治療，後者則不使用藥物，大多使用有科學根據的認知行為治療，也就是「惡夢認知行為治療」（Cognitive Behavioral Theory for Nightmare：CBT-N）（註53）。

A：在第2章提到的CBT多了N耶！

圖表8-1　構成「惡夢認知行為治療」（CBT-N）的非藥理學方法

（1）睡眠衛教
（2）重建個案對夢的認知
（3）藉由寫夢日記來自我監控
（4）夢境想像暴露治療
（5）意象預演療法（改寫夢境）
（6）入睡前的放鬆訓練

老師：具體的治療方式是：

①藉由諮商來重建對夢的扭曲認知。

②藉由寫夢日記來自我監控（Self-Monitoring），促進自我理解。

③藉由「夢境想像暴露治療」（Dream Imagery Exposure）讓個案回想起惡夢，與惡夢的痛苦對峙，並加以緩和。

④運用「意象預演療法」（Imagery Rehearsal Therapy，IRT），在清醒時回想起惡夢，並將其梗概或結局改寫成正面肯定的內容。

夢境想像暴露治療：
刻意讓自己暴露在心理的痛苦中，並且面對它

「惡夢認知行為治療」中有好幾種技巧，就讓我來慢慢解說吧！「暴露療法」是讓自己正視不愉快的情緒，藉由暴露（Exposure）在這種痛苦中來減輕並克服它，這個方法我在強迫症的章節提過。再來，暴露療法還分為「現實暴露治療」與「想像暴露治療」。

「現實暴露治療」是在現實世界裡讓自己暴露於恐懼中，「想像暴露治療」則是在想像的世界裡讓自己暴露於恐懼中。前面提過強迫症的治療就是屬於「現實暴露治療」，而在「想像暴露治療」中，有個方法是讓人回想起惡夢，與惡夢帶來的心理痛苦對峙，藉此來減輕痛苦，這就稱為「夢境想像暴露治療」。

另有個治療方法是將「夢境想像暴露治療」加以變化、應用，亦即「眼動

圖表8-2　睡眠日誌的範例（改編自松田・東洋HIRC21，2017年）（註9）

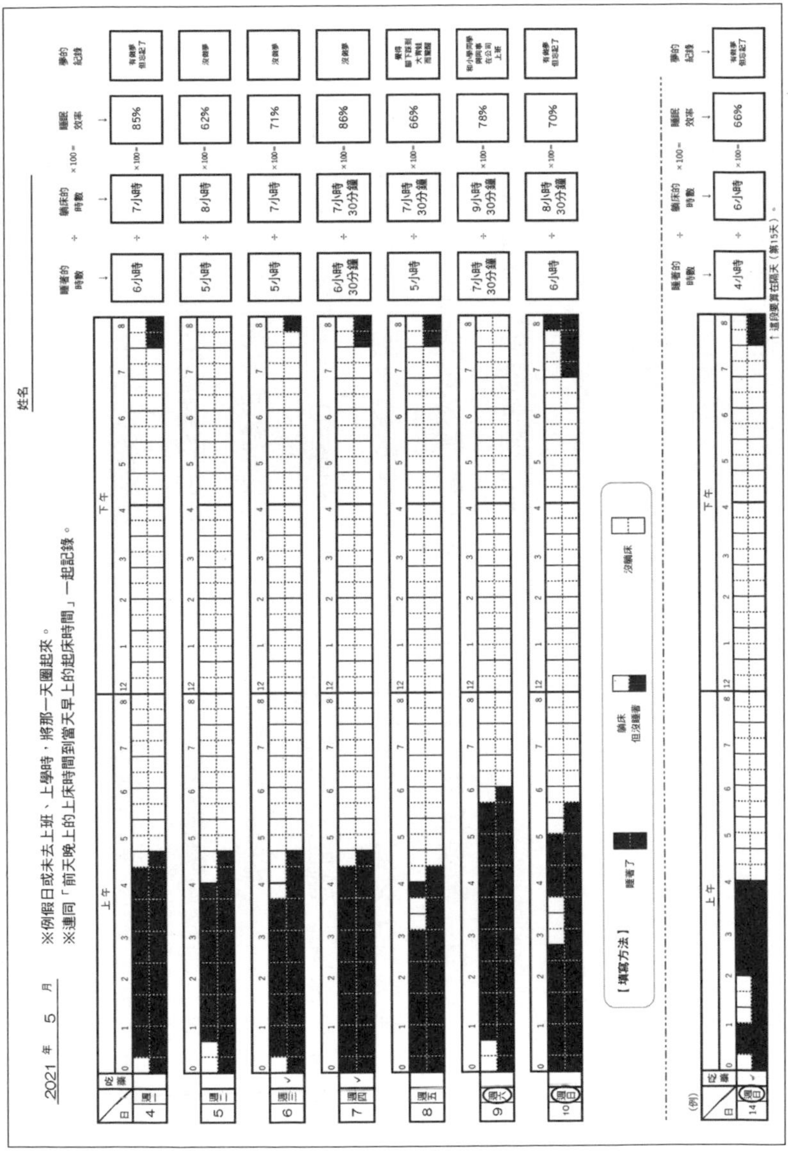

減敏感及再經歷治療法」（Eye Movement Desensitization and Reprocessing，EMDR），用在壓力後創傷症候群的惡夢症狀上，這是夏琵珞（Shapiro，1989）所發明的方法（註54），主治苦於創傷經驗的病患。讓患者回憶起創傷，在此同時讓患者的左右眼球跟著治療師的手指方向轉動，或是以拍掌、聲音刺激來再處理（Reprocessing）讓人痛苦的過去記憶，最終消除患者的恐懼。

透過眼球運動來減敏感（Desensitization）竟然能消除創傷，實在很令人驚訝，對吧？遺憾的是，「眼動減敏感及再經歷治療法」為何有效，其機制的全貌還不明瞭。不過，它似乎能有效將記憶所伴隨的生理反應降到最小限度，有研究報告顯示它的治療效果快速顯著到令人吃驚。

「想像暴露治療」對於緩和負面情緒來說很重要。即使不使用「眼動減敏感及再經歷治療法」這種正規施診，只是回想自己做的惡夢並告訴別人，也等於是一種微型的「想像暴露治療」。

「意象預演療法」：構思惡夢的後續情節

「意象預演療法」就是在做了惡夢醒來之後，在清醒的狀態下用想像的方式來模擬夢的結局或後續情節（註55）。關於夢的結尾，我也會跟著個案一起構思，但我不可恣意地將自己設想的劇本強加在個案身上，始終都要以對個案本人而言最好的形式來改寫夢的完結。決定好夢境的後續情節，隨後我會和個案一起設想夢中情境並進行預演，例如和解、表達自我、戰鬥或是請求別人的協助等等，這些都是常見的結局。

藉由預演來改寫夢境情節，做好準備。這樣一來，對惡夢的不安和恐懼就會減輕，漸漸地就不會再做惡夢。

在這裡，我想舉出一個具體的案例。前面提到的雜誌《通販生活》特輯（註37）中曾介紹一位70多歲讀者的故事，據說他經常做自己還是大學生的惡夢，夢到不知道該去上課的教室在哪裡，即使想問路過的學生，也沒有人願意停下腳步幫助他。他在束手無策的情況下醒來，心想「幸好是夢」並鬆了口氣。這即為惡夢的典型模式。

從訪談中得知，在過往的現實生活中，這位讀者在大一時經常蹺課，有八成的時間都在宿舍裡無所事事，偶爾出現在教室時也會被同學瞧不起，這樣的記憶深植在他心中，加之在班上的成績也不怎麼好，極有可能是這些事情變成後遺症出現在他的惡夢裡。一旦在現實生活中嘗到疏離感，或是碰到類似的情況，大學時的記憶就會甦醒並變成夢境……，不過這只是我的想像，並沒有經過確認。這位讀者大概是個性老實才會帶有罪惡感的吧！

那麼，在這個案例中，我會和他一起構思什麼樣的腳本呢？雖然當事人表示「身邊的同學都用鄙視的眼光看待我，沒有人願意幫助我」，但這只是他的主觀思維，實際是如何並不清楚。因此，在「意象預演療法」中，首先我會提議以正面樂觀的形式改寫夢的結局，例如個案鼓起勇氣向路人求助，於是便被指引到上課的教室，而老師也面帶笑容歡迎他。這個方法似乎也適用在小朋友身上，據說小學生常做的惡夢包括遭到追趕、殺害和攻擊等內容（註57），若能出現「不逃走並戰鬥」，或是「與對方和好」等情節就能幫助克服。

用有真實感的劇本來預演

基本上，就是要找出形成惡夢的主觀臆想，並且把惡夢變成快樂的結局。不過，故事情節的發展始終都要切合當事人需求，有些人適合在夢中向人求助、有些人適合自己主動展開作為來解決問題。每個人適用的劇本都不一樣，並沒有標準答案。

與其把夢境內容解釋成一種象徵，我認為更重要的是需設身處地配合當事人

圖表8-3　小學生經常夢到的內容
（根據松田、吉原、川瀨 2020年的研究製表）（註56）

	① 最近做的夢	② 最恐怖的惡夢
第1名	學校、老師、讀書	被追趕，或追趕其他人事物
第2名	和朋友一起玩	被殺害
第3名	被追趕，或追趕其他人事物	遭到攻擊

的狀況和他的性格來理解夢境的意義。

也有些案例是藉由「想像暴露治療」和「眼動減敏感及再經歷治療法」，來撫平創傷記憶、惡夢中的負面情緒與意象，再運用「意象預演療法」來改寫惡夢的結尾，並且在想像中預演，藉此成功減少了惡夢重現的次數（註57）。

在某個上班族的案例中，他在工作時遭受犯罪被害，身心受創，之後連要上班都有困難，頻繁地做創傷性惡夢，並苦於「瞬間重歷其境」（Flashback）的症狀。經過治療之後，他做惡夢的次數減少了，這當然很好，但犯罪的影響力真的很嚴重，會將被害人的心靈和生活都弄得一團亂。

犯罪若能消失是最好的，但萬一成了犯罪被害人，雖然遭遇犯罪的事實無法抹滅，卻能透過想像情境克服。

C：關於「意象預演療法」今後的發展，虛擬實境（Virtual Reality，VR）能夠派上多大的用場呢？若能體驗別人的觀點或意象，感覺會為夢帶來很大的影響。

老師：實際上，已經有人發明了運用虛擬實境的行為治療（註58），例如使用虛擬實境來讓當事人習慣恐懼事物的暴露療法。

B：這麼一想，即使在清醒狀態下，好像也能活用「意象預演療法」呢！

老師：是啊！比方說，若在職場上被主管霸凌，用這個方法也很有效。雖然要在現實中採取行動想必困難重重，但若能透過想像，就能做到毅然拒絕上司，或是要求對方道歉。

C：通常在電視新聞上看到戰爭的影像時，當下瞬間情緒雖然會動搖，但到了隔天肯定就拋在腦後了不是嗎？相較之下，虛擬實境能讓人體驗到比影像更真實的帶入感，可能會為夢境、自己的知覺和記憶帶來更大的影響。

老師：體驗到的真實感越高，效果也一定越好。雖然這很可怕就是了。

C：也就是說，若虛擬實境能夠讓人體驗到和現實相差無幾的質感，除了惡夢之外，或許還能用來治療恐懼症或復健。

老師：有可能，這確實很有吸引力，但也因為很真實，所以一開始相當需要勇氣。

不過，虛擬實境重現的世界和現實世界在細節上有相當大的差異，我認為這是虛擬實境的極限。假如用虛擬實境來治療剛才提到的案例，「背後有人在跟蹤，並且被抓住手臂」的情節大致能夠重現，但若加害者的長相或遇害地點不同，就會很欠缺真實性。

C：的確，如果是「懼高症」這種較為普遍的問題，感覺虛擬實境會比較有效果，但若要運用在個別具體性較高的個案身上，或許就有其極限。

第9章

清醒夢與創造力

能夠自由控制夢境的「清醒夢」

B：話說回來，請問老師，什麼是「清醒夢」（Lucid dream）？

老師：「清醒夢」就是在快速動眼睡眠時，在並未醒來的情況下察覺自己正在做夢，並且能夠控制夢的情節（註59）。當處在這種狀態下，就能享受夢境的發展。

A：啊，這樣的話，我或許能夠做清醒夢喔！

B：咦？真的嗎？好好喔！我也能做清醒夢嗎？

老師：是的，雖然能做清醒夢的人很少，但要做清醒夢是有訣竅的。美國神經生理學家賴博格（Stephen LaBerge）所發明的方法很有名（註60），但是很難實踐。

C：說到做清醒夢的訓練，有沒有什麼實例呢？

採取行動，改變夢中發生的壞事

有兩個方法，一個是在做夢時注意夢和現實的差異，另一個是將想做的夢意識化（Conscientization），然後再次入睡（註61）。對了，我來聊聊某位住在日本東北地區的40多歲個案吧！這名個案當時正為了兼顧工作與家庭而奔走，經常夢到搭不上電車。因為這樣的夢出現太多次，他便察覺這是夢，不慌不忙地在車站等待，結果附近的大叔開車經過，主動停下來載他一程，而個案就在這時醒了過來。

也就是說，這名個案面對夢中發生的不利狀況時並非直接放棄，而是試著採取行動。

即使正在睡覺，他還是改變心態，摸索解決的方法。如同這個案例所示，有些人會在快速動眼睡眠時做「清醒夢」，能夠按照自己的意願改變行動。我剛才說「清醒夢」是「察覺自己正在做夢」，換句話說就是能夠區分夢境與現實。

我來舉出兩個「清醒夢」的實例吧！第一個是做了「飛翔夢」的研究生，他在夢境一開始就從發展中的情節察覺自己正在做清醒夢，反覆練習飛翔，由於是在夢裡，所以沒有懼高症，也沒有痛覺。另一個例子是一位大學生，她在重新入睡之後做了清醒夢，在夢中看著自己和別人聊天。

圖表9-1　清醒夢的實例

20多歲 男研究生	好久沒做在空中飛翔的夢了，地點一如往常是在有一大片農田和田埂的鄉下，自己正站在沒有鋪柏油的砂石路上。我一如以往地又跑又跳，乘著上升氣流飛起來。與其說是飛翔，不如說比較像是大步跳。在空中飛翔時非常開心，向下墜落時像是在搭雲霄飛車，還有一種電流通過身體的感覺。我在某次墜落時醒來，發現身體在現實世界裡也像觸電般發抖，即使睡迷糊了，還是很佩服地心想「原來夢境也會反映到現實啊」，然後再次入睡。我還不擅長在空中滑行，即使經過練習也飛不好。我心想從高處飛下來應該就能飛得更好，於是瞬間移動到鐵塔上。因為是在夢裡面，所以我不懼高，試著飛翔之後便馬上墜落，但發覺在夢裡就算摔了也不會痛。
20多歲 女大學生	我不記得自己一開始做了什麼夢，只是很焦急地心想必須快點醒來，然後就醒了。 （醒來之後再次入睡） 下一個夢是清醒夢，夢中的我正和幾位見過面但不曾交談的人在閒聊，而我就站在自己的右肩後方看著這一幕。

「知道自己正在做夢」是清醒夢的必備條件

我在前面提過，留意夢和現實的連續性，並且區分夢境與現實是很重要的。另外也曾介紹過一位現實與夢境無關的青年，提到了他在現實生活中的壓力並未發生在夢中。其實，「後設認知能力」也和清醒夢有關。

「客觀看待正在做夢的自己，並且對此有所自覺」是清醒夢的先決條件，也就是說，在夢中啟動後設認知能力才能算是清醒夢。所謂的「後設認知能力」，以大腦部位來說，就是額葉（Frontal lobe）那一帶正在活化。

學者正在研究和清醒夢有關的神經生理學（Neurophysiology）基礎原理。我讀了最近的文獻評論，發現清醒夢果然和前額前區（Prefrontal area）及頂骨附近（Parietal）區域有關（註62）。

首先，說到一般的夢，其特徵是做夢者通常無法控制夢的內容，夢的情節發展也很沒有邏輯，在醒來之後回顧，才會發現夢境莫名其妙，但在做夢時完全不會感到荒謬，也不會產生疑問。

這是因為，當人進入快速動眼睡眠時，位於大腦表面的皮質中，有關記憶、認知與判斷的背外側前額葉皮質（Dorsolateral prefrontal cortex，DLPFC），以及負責判斷不曾體驗事物的額極（Frontal pole）並不活化，後設認知功能低落，因此，在夢裡面，批判性思考或意志的控制力將會受限。不過，清醒夢有個特徵和一般的夢不同，那就是大腦的前額前區在清醒夢中反而會活化，可以說是半夢半醒的狀態混雜交織在一起。

大腦的視覺皮質很活躍，讓夢很鮮明

舉例來說，在德雷斯勒（Martin Dresler）（註63）等人同時測量腦波並進行功能性磁振造影（fMRI）的論文中，雖然同樣是在快速動眼睡眠時做夢，但和不做清醒夢的組別（Non-lucid REM sleep）比起來，會做清醒夢的組別（Lucid-REM），其大腦兩側的楔前葉（Precuneus）、楔狀葉（Cuneus，這一帶是視覺皮質）、頂葉、前額前區以及枕葉到顳葉皮質都非常活躍。這些部位和內省思考、工作記憶（Working memory）與後設認知都有關。

視覺皮質等前額前區以外的部位也很活躍，「很鮮明」正是清醒夢的特徵之一。還有，做夢者的個人特質與當時的狀況，會導致自覺、批判性思考與意志的控制力產生差距，因此清醒夢有分等級，例如「知道自己正在做夢，有辦法繼續做夢」、「會察覺夢中的人事物與現實世界不同」，以及「能夠控制夢的後續情節發展」等等。當清醒夢的等級不同，活躍的大腦部位也不一樣。

此外，還有其他研究是從解剖學的角度來看做清醒夢時的大腦（註64），以期了解做清醒夢的人腦中哪個部位會比較大，並揭曉了「經常做清醒夢的人，其額極的灰質（Gray matter）體積偏大」。

說到額極的灰質，它的功能是負責在靠近大腦皮質表層有神經細胞的地方處理資訊。還有還有，我認為研究清醒夢組別在休息狀態下的功能性連結（Resting-state functional connectivity）也很重要！（註65）人們對夢的研究有一種摸不著邊際的印象，但在大家不知道的地方，夢的研究正如此切合科學、也切合現實地展開中。

前面C提到搭乘的飛機以機體著地的夢，如果接受「意象預演療法」的話，也許會稍微輕鬆一點，你可以試著構思後續情節。有一位我指導的研究生入眠後常做清醒夢，他之前似乎都會在做惡夢時改寫劇情，設法將夢導向自己想要的結局。不過，他最近就連要對惡夢使用「意象預演療法」都懶，一旦察覺自己在做夢就趕緊醒來，醒來之後又馬上再入睡，想要趕快做下一個夢（笑）。

夢到的點子能在現實生活中實現嗎？

經常有人問我，後設認知功能很完善的人，也就是那些智力很高、博得天才美譽的人或發明家都做了些什麼樣的夢？有沒有留下紀錄？……等等問題，像是凱庫勒（Friedrich August Kekulé von Stradonitz）發現苯環（註66）和作曲家塔悌尼創作《魔鬼的顫音》（註67）都是很有名的軼事。除此之外，據說縫紉機的發明人就是把夢到的點子拿來應用，靈機一動想到只要在針的尖端打洞並穿線即可。

研究者和開發人員一天到晚都在找點子，所以相關事物出現在夢中的機率應該會提高，他們就連睡覺時也在解決問題。

發揮高度的後設認知能力，把清醒狀態下的思考帶到夢裡面，做個清醒夢，或許真的有可能運用在實際的研究或發明上。

對藝術家而言，夢是什麼樣的存在？

這裡要稍微偏離話題一下。偶爾會有人說：「從小到大，我經常懷疑現實中的這一瞬間其實是夢，夢的世界才是現實。」心理師或藝術家有時候也會說類似的話。還有些人的夢境是層層疊疊的，例如「我看著有人在看電視，電視上有人正在看電視，電視上還有人在看電視」之類的，會在夢境中看到好幾層情景。這樣的視角是不是有點像靈魂出竅？而前面曾提到會做清醒夢的大學生，她的夢也是如此。

我曾經和一位創作型歌手對談，據說對方會把夢境當作譜曲的創意來源（註68）。例如，理想的伴侶出現在那位歌手的夢中，然而現實生活中明明沒有見過面，在夢中卻連名字都有，於是便將這個夢寫成歌。也就是說，那位歌手的理想情人在夢中具體化了。

我對那位歌手說：「伴侶是你內心製造出來的虛擬存在，對吧？」結果對方大為震驚（笑）。她說：「您明明在研究夢境，卻是個非常實際的人呢！」想想我還真是不浪漫啊。

從事不同職業的人，面對夢，或說和夢共處的方式也不一樣。達利（Salvador Dali）和馬格利特（Rene Magritte）等超現實主義藝術家，能樂於幻想之中，並藉由發揮想像力來創作。因此，當寫了一首情歌，卻沒有對象的話就傷腦筋了……（笑），經過那次對談，我自己的想法也稍微改變了，夢可以是創造力的來源。

截至目前為止，來找我的人都希望我能幫助他們不再做惡夢，更進一步說，甚至還有人期盼能夠完全不做夢，只想睡個好覺。但是，也常有許多藝術家是像前述那位歌手一樣，希望將夢應用在自己的創作活動上。

要平心靜氣地看待惡夢，這對一般人來說很可能很困難，但它是夢的事實不會改變，而且還可能創造出什麼來。即使做了討厭的夢，也是基於某些原因才夢見的，雖然可能無法馬上辦到，但或許有方法可以將夢和現實連結，並加以利用。

當惡夢成了創造力的來源

我認為，「意象預演療法」很有機會能夠真正減少惡夢，改變個人對日常事件的認知，進而活出正向人生。但是，對平時會做很多細膩清醒夢的人，尤其是藝術家，接受這種治療是有風險的。

對藝術家來說，有時候即使只是一丁點兒小事，不是就足以讓他們非常難過或低落許久嗎？但這其實能化為豐沛的創作力。過著普通生活的一般人，確實會想要盡量過著穩定的生活吧？但是，藝術家必須受到喜怒哀樂刺激，才會形成創作的來源，不過，這樣一來，也就輪不到我出場了。

即使做了惡夢而感到難受，但既然情感的起伏會激發創造力，該說硬要消除它實在太浪費了嗎？我想這是藝術家的宿命吧！因此，要是接受除去惡夢的療法，創造力將會降低，進而乾涸。正視夢境，後設認知能力就會變好，情感的起伏會變得平穩。雖然這麼做或許會改變創作風格，但可能會有新的發現也說不定。

有時候，惡夢並不需要消除。惡夢本身就有它的價值。

終章

如何更好地與夢共處

「夢的防禦功能」會模擬失敗

老師：我認為，那些正在進行意象預演療法的人，幾乎都是內心有創傷或是患有創傷後壓力症候群的人，他們的意象能力（Imagery ability）很好，也很鮮明，所以留下了會引發症狀的強烈記憶。不過，也可以反過來說，是因為意象能力很好，所以才能治療。

B：像是陷入了論證的兩難困境（Dilemma）般。

老師：要是意象能力沒有那麼好的話，一般來說大概不會造成創傷。不過，我想建議我所有的個案主動採取作為。只是默默地一味想著「搞不好會發生壞事」，都無益於擺脫被動。

C：因為那絕大部分都只是想像，實際上會如何還沒有定論。

老師：沒錯呀，而且，過於被動有時還真的會帶來壞結果，那樣不是很可惜嗎？不要太著急，先試著踏出一步，如此一來應該就能獲得正面回應或遇見機會。

B：因為現實世界中有著某種不安，所以才會做反映出那樣不安情緒的夢。換句話說，當它出現在夢中，就是搶在不安成真之前，在夢中預先體驗。因此，即使做了餘味不佳的夢，還是可以在擔憂的事確實發生之前加以預防。

老師：夢能發揮防禦功能。

B：就這層意義上來說，夢的功能除了「整理記憶」這個大前提之外，有時候還能夠事前進行訓練，藉此防範可能發生的風險。

老師：也就是說在現實生活中失敗之前，能預先在夢境裡模擬失敗的情境。

B：我自己是個膽小到了極點，而且會事前預測風險再採取行動的人，這種容易感到不安的個性，或許有很大機率和夢的內容有所連結（笑）。

老師：以我來說，因為我有點年紀了，所以都不是做事前模擬的夢，而是夢到人生中尚未完成的事居多。

A：這樣啊？當您做了那種夢之後，會實際在現實生活中採取行動嗎？

老師：會啊！那些被我漏掉而且可以馬上執行的事情，我會馬上去做。

A：那麼，夢果真能夠發揮整理記憶的功能，讓人想起下意識忘記的事情呢！

「意象預演療法」與「正念」的共通點及差異

C：我在想，「意象預演療法」是不是和「正念」（Mindfulness）很像啊？

老師：其實，「正念」被區分在認知行為治療的第三波喔！簡單來說，它是後設認知的其中一種方法，因為很簡便而普及開來。不過，真正的原因是，對禪和心理治療有興趣的美國人把它取名叫「正念」，在國外風行之後又傳回日本，這樣說比較貼切。

C：雖然兩者表面上看起來不一樣，但「正念」和老師您所說的似乎有共通的功效，例如用意象療法消除惡夢、從自我實現的角度來詮釋夢境，並應用在現實中等等。

老師：是啊！「正念」之所以會流行，是因為它和後設認知有共通點，亦即「從第三者的角度來自我監控，藉此和負面情緒保持距離」。還有，正念和夢都是每天可以自己執行的事物，而且還不用花錢，很有吸引力，對吧？（笑）

C：相較之下，夢的宇宙比較遼闊吧？正念始終是有意識時所使用的方法，但夢的世界和記憶都很龐大。

老師：我們在有意識時不容易想到的人事物會出現在夢中，在某種意義上，這可說是自己給自己的訊息。而且，每個夢之間不會完全沒有脈絡，其發訊源一定是自己的記憶宇宙。若沒有察覺這個機制，就無法好好地接收訊息。

C：了解夢的機制，直視來自自身的訊息是很重要的，對吧？

老師：夢多半是在模擬某個當下現實中的風險，其中大部分仍然和人際關係、經濟狀況與健康有關，還有就是自己最擔憂的事。不過，我要再強調一次，我們不一定要被夢中事前模擬的情節影響，如果一個夢讓你很快就忘記，那麼忘了也就算了。

之所以能夠想像，是因為有成長的可能性

老師：希望你們能夠回顧夢境，並且把它活用在現實生活上。對於B這樣的公務

員，我想給的建議是先靠自己的想像力來發動後設認知。在此前提下，透過夢來回顧自己，預測接下來可能會發生的事，並且據此來修正自己的行動。

B：您是說，不要把夢視為單純的虛擬世界，而是要把夢當作工具來改變現實中的自己，加以有效活用嗎？

老師：沒錯！有想像力就代表自己有著成長的可能性。有想像力就是能夠預想未來，代表自己心目中有很多選項，知道自己真正想要什麼，也有更好的改善策略。你們最好要充分發揮這樣的想像力。能夠做夢真的是一件很棒的事，即使是個惡夢，它的內容應該也能夠在現實生活中發揮效用。

B：原則上，人們每天都會做夢，夢對每個人來說都是很熟悉的事物。所以，若能藉由夢來將現實生活變得正面積極，那是再好不過了。

把夢運用在正面的「自我應驗預言」上

A：我大學時讀過一本厚厚的《思考致富》（拿破崙．希爾著，野人出版），受到它很大的影響。書上說，要先描繪理想的自我形象，這麼做之後，就會被該形象牽引，過著想要的生活。

老師：是唷，也就是正面的「自我應驗預言」（Self-Fulfilling Prophecy）。

A：就是說，不要受限於荒唐無稽的夢境占卜，而是要透過對夢的解讀，來幫助自己正面積極地自我實現，對吧？

老師：做了惡夢時，人們往往會認為那是要發生壞事的預兆，態度變得很被動，換句話說就會很容易往負面消極的方向前進，因此若做了好夢，別忘了要督促自己往正面積極的方向來自我實現，這很重要。

C：這種運用夢境的方式，並不是抱著「反正只是個夢」的態度就算了，而是能對現實生活有所助益。

老師：雖然我們無法確定夢受到遺傳多大的影響，或是和遺傳有多大的關聯，但自己在置身於某種狀況下所做的夢，會將某些記憶與資訊混合並表現出來，所以能夠活用的可能性應該很高才是。

B：我有個朋友之前一直在猶豫要留在公司還是自己獨立創業，某天他做了一個「和夥伴遠走到天涯海角」的夢，因此辭掉了原本的工作。某種意義上，是他的夢推了他一把，他現在把公司經營得有聲有色。這種夢和現實生活的關係有點超現實，但或許是他心中某種隱隱約約的預感，變成夢的型態表現了出來。

老師：我認為，他就連在潛意識中都不停地想著「我要這樣做」，尤其是當人生走到看不見未來的階段時。

B：尤其像我這樣的上班族，平日每天都在同一時間起床，搭上滿員電車，唯有時間不知不覺地流逝，日常生活往往一成不變。因此，在某種意義上，或許只有墜入夢鄉的時候才能暫時遠離現實，直接觸及自己的真心。

老師：因為從好壞兩方面來說，夢都是無法掌控的。

B：所以，當我們從夢中醒來時，即使多少有些一廂情願也無妨，要對夢做出能夠自我實現的正面解釋，讓模模糊糊的現實生活好轉。

老師：沒錯沒錯！創造夢的主體，亦即做夢的人始終都是自己，所以主導權本來就應該掌握在自己手上。

B：換句話說，夢也是人生的一部分！

夢超越了邏輯和情感

B：聽老師說了這麼多，有一點我覺得很有趣，那就是「夢的起點明明是自己的意識和記憶，但我們卻必須透過『夢』這個無法控制的過程活下去」。現實

→夢→現實→夢……為什麼我們需要這種在生存過程中不斷反覆的回饋循環（Feedback loop）呢？我再次覺得很不可思議。

老師：是呀！不過，因為夢無法掌控，所以才會獲得意想不到的發現。夢和現實有連續性，某些部分似乎融合在一起了。

B：我覺得，假設現實世界中人類意識的原理是「情感和邏輯」，那麼夢就是兩者都缺少。因為無法自己掌控，所以人們從古至今都傾向把夢當作一種啟示。

老師：因為古人會把未知的事物當做神祕現象吧？

B：無論在哪個時代，超越邏輯和情感的神祕性都擁有極大的力量。包括老師您的研究在內，最近夢的「邏輯」逐漸解開，只要加以利用，就能夠改變現實世界中的自己，這是我從和您的對話中得到的體悟和收穫。

老師：能活用夢境對現實中的自己而言確實有好處，沒道理不加以運用。

A：就是說啊！這次十分受教，從明天開始，我做夢時應該能夠接收到自己給自己的訊息了，例如「啊，剛才的夢是某時的記憶和景色所組成的」。

老師：假設夢是管理記憶的金庫，那麼，在某種意義上，它或許是專屬於自己的睿智寶庫。

C：是啊！我們從出生到死亡每天都會不停地做夢，寶庫會不斷累積，讓人想要好好和夢共處。

從「心靈的氣象預報」到「心靈的羅盤」

A：在這個世上，就連領袖級人物或超級巨星也一樣，每個人都同樣有些不如意的事，有時候甚至會做惡夢，就連動物也會做夢。儘管如此，惡夢並不只是一種痛苦的體驗，而是像老師告訴我們的一樣，能夠透過與其共處的方式或訓練方法來加以改善，而且夢甚至還有可能讓我們的現實生活更豐富。

C：剛開始聽老師說明時，我以為夢就像是「心靈的氣象預報」，但現在我覺得夢是個能將現實人生導向更好方向的羅盤！

老師：用自己的方法，藉機改善不如意的事情，這一點也十分具備人類會有的作風，而能夠運用的工具，就只有夢而已了。因為人只有在做夢時才能夠正視自己，不被任何人打擾。

A：啊！我想到一個好點子了！老師，您要不要出一本給小朋友看，教他們怎麼面對惡夢的繪本呢？內容就寫一隻貘吃了太多惡夢而胃脹，人類向牠伸出援手的故事，這樣如何？為了幫助牠，就用上清醒夢或「意象預演療法」……之類的。

老師：繪本啊？真是個夢幻的好提議！兒童文學的故事發展，最後大多都是小朋友克服困難，獲得成長之後終於返家這種正面的結局，你對這個很關注是吧？這的確和清醒夢或「意象預演療法」對夢的改寫很相似，要是有一天能實現就好了。

C：我則是想了解失智症患者眼中的世界，或許有一天能和您合作。

老師：夢和認知功能有關，因此，在正常的老化或疾病引起的腦功能退化下，當事人所做的夢一定也不一樣。你還這麼年輕，就有在關注失智症嗎？

C：對。我的祖母得了早發性失智症（Early-onset dementia），她有時會說：「C和衣服一起晾在曬衣竿上，我要去救她才行！咦？妳怎麼在這裡啊？妳剛剛不是還晾在曬衣竿上嗎？」我就心想，她是不是沒辦法分辨現實和夢境。

B：現在高齡化社會的問題越來越嚴重，像這種研究也勢在必行呢！

A、B、C：感謝老師撥空為我們解說！

謝辭

本書的企劃始於二〇一九年四月，日本科學協會的淺倉陽子小姐與Discover 21出版社的堀部直人先生前來訪問我在東洋大學的研究室。我還在讀博士班時，為了做睡眠實驗而接受日本科學協會的笹川科學研究補助，在當時受到他們兩位多方照顧。這次是因為要在企劃案中介紹受補助畢業生後續的研究，做為其中一環而前來拜訪我。

為了撰寫這本書，首先我們從專訪開始做起，由我來回答一般讀者好奇的與夢相關之問題，而採訪人則是Momentum horse公司的長谷川亮（暫譯，長谷川リョー）先生。之後，我將專訪內容改寫成對話形式的文章，並出版成書，為了讓文章讀起來像音樂般地節奏明快，Discover 21出版社的編輯林秀樹先生助了我一臂之力。在將文章編輯成對話形式的過程中，承蒙東洋大學研究所社會學研究科的山崎有望教授鼎力相助，此外，圖表的整理則是有賴平瀨千沙都小姐的幫忙，更重要的是，我衷心感謝願意和我分享夢境的每個人。儘管本書因為新冠肺炎大流行而未能準時出版，但我要藉著這次機會，向每一位相關人士致上最高的謝意。

這幾年來，在醫學、生物學和工學研究人員的熱情與努力之下，睡眠科學有了大幅進展，身為一介心理學者，我也逐漸無法將目光從夢的研究上移開。祈禱各位讀者的夢境和睡眠都能更加舒暢，以此為本書畫下句點。

松田　英子

內文註釋

註1　アリス・ロブ（2020）・夢の正体　夜の旅を科学する　早川書房

註2　ATR脳情報研究所 神経情報学研究室 https://bicr.atr.jp/dni/

註3　マーティン・ガードナー（2004）・インチキ科学の解読法　光文社

註4　OECD（2021）. Society at a Glance
http://www.oecd.org/gender/data/OECD_1564_TUSupdatePortal.xls

註5　NHK放送文化研究所 (2015). 国民生活時間調査　引用元：日本人の生活時間・2015-
NHK放送文化研究所

註6　厚生労働省　自殺対策白書（概要）https://www.mhlw.go.jp/wp/hakusyo/jisatsu/19-2/index.html

註7　警察庁（2021）・令和2年中における自殺の状況・
https://www.npa.go.jp/safetylife/seianki/jisatsu/R03/R02_jisatuno_joukyou.pdf

註8　内村直尚・橋爪祐二・土生川光成ほか（2005）・一般内科を受診している身体疾患患者の不眠治療の現状と問題点-問診状況と不眠症状・Pharama Medic'23'105-108

註9 松田英子・東洋大学HIRC21（2017）・眠る心と体の健康を守る仕組み　日本行動科学会（編）／二瓶社

註10 松田英子・津田彰（2015）・睡眠の個人差の理解と心理学的支援・眠りにまつわる問題解決のために・フィスメック

註11 Gregory, A. M., Rijsdijk, F. V., Lau, J. Y., Dahl, R. E., & Eley, T. C. (2009). The direction of longitudinal associations between sleep problems and depression symptoms: a study of twins aged 8 and 10 years. Sleep, 32(2), 189-199. doi:10.5665/sleep/32.2.189

註12 Sjöström, N., Wærn, M., & Hetta, J. (2007). Nightmares and Sleep Disturbances in Relation to Suicidality in Suicide Attempters. Sleep, 30, 91-95.

註13 厚生労働省　心の健康 /https://www.mhlw.go.jp/stf/seisakunitsuite/bunya/hukushi_kaigo/shougaishahukushi/kokoro/index.html

註14 松田英子（2015）・睡眠障害への対処と認知行動療法：睡眠と覚醒の問題の治療と予防に向けて・行動科学・54巻，1号，53－62

註15 岡島義・福田一彦（監訳）（2015）・睡眠障害に対する認知行動療法　行動睡眠医学的アプローチへの招待・風間書房（原典）Perlis, M.L., Aloia, M.S., & Kuhn, B.L.（2010）Behavioral Treatments for Sleep Disorders：A Comprehensive Primer of Behavioral Sleep Medicine Interventions. Academic Press.

註16　アメリカ睡眠医学会の悪夢治療ガイドライン・Aurora, R.N., Zak, R.S., Auerbach, S.H., Casey, K.R., Chowdhuri, S., Karippot, A., Maganti, R.K., Ramar, K., Kristo, D.A., Bista, S.R., Lamm, C.I., & Morgenthaler, T.I., (2010) Best Practice Guide for the Treatment of Nightmare Disorder in Adults. Standards of Practice Committee. Journal of Clinical Sleep Medicine, 6, 389-401.

註17　Beck, A.T. (1971). Cognition, affect and psychopathology. Archives of General Psychiatry, 24, 495-500.

註18　Domhoff, G. W. (2017). The invasion of the concept snatchers: The origins, distortions, and future of the continuity hypothesis. Dreaming, 27(1), 14 – 39. https://doi.org/10.1037/drm0000047

註19　Schredl, M. (2017). Theorizing about the continuity between waking and dreaming: Comment on Domhoff (2017). Dreaming, 27(4), 351 – 359. https://doi.org/10.1037/drm0000062

註20　松田英子（2019）・青年期の発達課題と夢想起の関連の検証－発達障害のある青年が語る夢の事例分析　東洋大学社会学部紀要，57巻1号，71－82

註21　エリザー・J・スタンバーグ（2017）・人はなぜ宇宙人に誘拐されるのか？　竹書房

註22　シェポヴァリニコフ・A・N（1991）・夢のサイエンス　みたい夢　みたくない夢　青木書店

註23　引用文献　松田英子（2010）・夢と睡眠の心理学—認知行動療法からのアプローチ—風間書房

註24　American Psychiatric Association (2013). Diagnostic and Statistical Manual of Mental Disorders, Fifth Edition. Arlington.（アメリカ精神医学会（2014）・DSM-5　精神疾患の診断・統計マニュアル　医学書院

註25　安藤寿康（2014）・遺伝と環境の心理学：人間行動遺伝学入門　培風館

註26　杉山憲司・松田英子（2016）パーソナリティ心理学—自己の探求と人間性の理解　培風館

註27　大木秀一（2000）・小児期の睡眠時に問題となる行動の統計遺伝学的解析—複数の健康現象に同時に関与する遺伝要因・環境要因の評価 - 日本衛生学雑誌，55，489—499

註28　NewSpere　https://newsphere.jp/technology/20180628-2/

註29　岡田斉（2011）・「夢」の認知心理学　勁草書房

註30　Dream figures seen and drawn by a congenitally blind subject. In Helder Bértolo,Teresa Paiva, Lara Pessoa, Tiago Mestre, Raquel Marques, Rosa Santos (2003) . Visual dream content, graphical representation and EEG alpha activity in congenitally blind subjects .Cognitive Brain Research, 15(3), 277-284.

註31　Mendelson, J., Siger, L., & Solomon, P. (1960). Psychiatric observations on congenital and acquired hearing impairedness：Symbolic and perceptual processes in dreams. American Journal of Psychiatry, 116, 883-888.

註32 Gilliland, J., & Stone, M. (2007). Color and communication in the dreams of hearing and deaf persons. Dreaming, 17, 48-56.

註33 Okada, H., & Wakasaya, K. (2016). Dreams of hearing-impaired, compared with hearing, individuals are more sensory and emotional., Dreaming, 26, 202-207.

註34 岡田斉（2000）．夢想起における感覚モダリティ別体験頻度，文教大学人間科学研究，22，139－147

註35 松岡和生・畠山孝男・岡田斉（1993）．夢見の形式的特徴に関する質問紙調査（５）－年齢別の単純集計の結果・東北心理学研究，43，11

註36 Hitoshi Okada, Kazuo Matsuoka, Takao Hatakeyama (2011). Life Span Differences in Color Dreaming, Dreaming, 21, 3, 213-220.

註37 カタログハウス「通販生活」編集部（2019）．読者が繰り返し見る夢　どうして遅刻の夢を見るのか？－マジメな人ほど、遅刻してしまう夢をよく見るんです。通販生活，２０１９年夏号，130－135

註38 松田英子（1997）．夢想起の頻度に人格特性とストレスーイベントが及ぼす影響，性格

心理学研究，5，（1），9-14

註39　松田英子（2006）．夢想起メカニズムと臨床的応用　風間書房

註40　鈴木千恵・松田英子（2012）．夢想起の個人差に関する研究ー夢想起の頻度にストレスとビックファイブパーソナリティが及ぼす影響ー．ストレス科学研究，27，71-79

註41　鑪幹八郎（1990）．心の宇宙を探検する夢の心理学　山海堂

註42　ドリームバンク http://www.dreambank.net ＨＶＤＣの夢分類の量的解析に関するサイト
https://dreams.ucsc.edu

註43　Schneider, A., & Domhoff, G. W. (2020). The Quantitative Study of Dreams. Retrieved February 6, 2020 from http://www.dreamresearch.net/

註44　Mathes, J., Schredl, M., & Göritz, A.S. (2014). Frequency of Typical Dream Themes in Most Recent Dreams: An Online Study. Dreaming, 24, (1), 57 – 66.

註45　岡田斉・松田英子（2017）．大学生を対象とした悪夢の内容別頻度と強度についての調査
人間科学研究，40，121-129

註46　Itsy Bitsy Spider…: Infants React with Increased Arousal to Spiders and Snakes
https://www.ncbi.nlm.nih.gov/pmc/articles/PMC5651927/

註47 川合伸幸（2011）．ヘビが怖いのは生まれつきか？：サルやヒトはヘビをすばやく見つける。認知神経科学，13，1，103－109 https://www.jstage.jst.go.jp/article/ninchishinkeikagaku/13/1/13_103/_pdf

註48 ＴＢＳラジオ（編）（2014）．科学の宝箱　人に話したくなる25のとっておきの豆知識　ＴＢＳラジオ「夢☆夢 Engine！」公式 Book　講談社

註49 松田英子（2015）．睡眠とイメージ――悪夢の認知行動療法：セルフモニタリング，認知再構成法－イメージ心理学研究，13，17－22

註50 松田英子 (2020). 強迫傾向と睡眠の不調－不眠，悪夢，夢の情動，テーマおよび感覚モダリティの分析－日本行動科学学会第36回ウィンターカンファレンス

註51 松田英子・川瀬洋子（2018）．統合失調症と認知機能障害：記憶想起の障害と過剰な夢想起を訴える青年の事例に基づく分析・行動科学，56，2，117－128

註52 山本和儀（2002）．精神分裂病の早期介入と予防・Schizophrenia Frontier，3, 19 – 24

註53 Aurora, R.N., Zak, R.S., Auerbach, S.H., Casey, K.R., Chowdhuri, S., Karippot, A., Maganti, R.K., Ramar, K., Kristo, D.A., Bista, S.R., Lamm, C.I., & Morgenthaler, T.I. (2010). Best Practice Guide for the Treatment of Nightmare Disorder in Adults. Standards of Practice Committee. Journal of Clinical Sleep Medicine, 6, 389-401.

註54　Shapiro, F. (1989). Eye movement desensitization : A new treatment for post-traumatic stress disorder. Journal of Behavior Therapy and Experimental Psychiatry, 20, 211-217.

註55　Krakow, B., Kellner, R., Neidhardt, J., Pathak, D., & Lambert, L. (1993). Imagery rehearsal treatment of chronic nightmares: with a thirty month follow-up. Journal of Behavior Therapy and Experimental Psychiatry, 24, 325 – 330.

註56　松田英子・吉原勝・川瀬洋子（2020）・児童発達障害特性と夢の報告に関する調査研究：夢と悪夢に関する質的データの解析，ストレスマネジメント研究，16（２），60－61

註57　松田英子（2017）・夢イメージと急速眼球運動・イメージ心理学研究，15，１，37－43

註58　うつ病や恐怖症に仮想現実（ＶＲ）を治療に応用する研究が進む　ROBOTEER https://roboteer-tokyo.com/archives/4088

註59　松田英子（2020）・今、夢を見ていると分かっていながら見る夢・朝日出版社ウェブマガジン「あさひてらす」https://webzine.asahipress.com/posts/3104

註60　LaBerge, S. (1985). Lucid dreaming. Los Angeles: J. P. Tarcher.

註61　松田英子（2021）・明晰夢を見るためにはー睡眠中　朝日出版社ウェブマガジン「あさひてらす」https://webzine.asahipress.com/posts/4384

註62　Baird, B., Mota-Rolim, S. A., & Dresler, M. (2019). The cognitive neuroscience of lucid dreaming. Neuroscience and Biobehavioral Reviews, 100(May 2018), 305 – 323. https://doi.org/10.1016/j.neubiorev.2019.03.008

註63 Dresler, M., Wehrle, R., Spoormaker, V. I., Koch, S. P., Holsboer, F., Steiger, A., … Czisch, M. (2012). Neural Correlates of Dream Lucidity Obtained from Contrasting Lucid versus Non-Lucid REM Sleep: A Combined EEG/fMRI Case Study. Sleep, 35(7), 1017 – 1020. https://doi.org/10.5665/sleep.1974

註64 Filevich, E., Dresler, M., Brick, T. R., & Kühn, S. (2015). Metacognitive mechanisms underlying lucid dreaming. Journal of Neuroscience, 35(3), 1082 – 1088. https://doi.org/10.1523/JNEUROSCI.3342-14.2015

註65 Baird, B., Castelnovo, A., Gosseries, O., & Tononi, G. (2018). Frequent lucid dreaming associated with increased functional connectivity between frontopolar cortex and temporoparietal association areas. Scientific Reports, 8(1), 1 – 15. https://doi.org/10.1038/s41598-018-36190-w

註66 ドイツの科学者、フリードリヒ・ケクレ。夢の中でみたサルの喧嘩から、正六角形のベンゼン環の構造をみつけたという説。蛇という説も。

註67 タルティーニの関連するオーケストラでバイオリニストが欠員となったときいた悪魔が、バイオリンを弾いて演奏し、採用を懇願した。その演奏が素晴らしく、目ざめたあと楽譜にした。もちろんその演奏はタルティーニの聴覚イメージによるもの

註68

吉澤嘉代子が夢の専門家に聞く。「夢が良くなると現実も良くなる」https://sheishere.jp/interview/201902-yoshizawamatsuda/

解讀夢境的心理學：從做夢到懂夢，探索不可思議的夢境世界，成爲自己的最佳解夢人！/ 松田英子著；伊之文譯 .-- 初版 . -- 臺中市：晨星 , 2022.08
面；　公分 . --（勁草生活 ; 525）

譯自 : 夢を読み解く心理学

ISBN 978-626-320-187-3 (平裝)

1.CST: 夢 2.CST: 解夢

175.1　　111008718

勁草生活 525

解讀夢境的心理學

從做夢到懂夢，探索不可思議的夢境世界，成為自己的最佳解夢人！

夢を読み解く心理学

作　　者｜松田英子
譯　　者｜伊之文
責任編輯｜王韻絜
校　　對｜伊之文、王韻絜
封面設計｜賴維明
內頁排版｜陳柔含
創 辦 人｜陳銘民
發 行 所｜晨星出版有限公司
台中市 407 工業區 30 路 1 號
TEL：(04)23595820　FAX：(04)23550581
http://star.morningstar.com.tw
行政院新聞局局版台業字第 2500 號
法律顧問｜陳思成　律師
初　　版｜西元 2022 年 8 月 15 日

讀者服務專線｜(02) 23672044 / (04) 23595819#230
讀者傳真專線｜(02) 23635741 / (04) 23595493
讀者專用信箱｜service @morningstar.com.tw
網路書店｜http://www.morningstar.com.tw
郵政劃撥｜15060393（知己圖書股份有限公司）
印　　刷｜上好印刷股份有限公司
定　　價｜新台幣 350 元
I S B N｜978-626-320-187-3

歡迎掃描
QR CODE
填線上回函